李奕滨 著

转身之道

10位同济EMBA企业家的管理哲思

同济大学出版社
TONGJI UNIVERSITY PRESS
·上海·

代序：应对时代之变的生命姿态

本书缘起2019年6月我尚在同济EMBA中心工作，忙着为当年毕业的EMBA学员筹备毕业典礼。当时同济EMBA中心有多个项目开班，既有大陆的中文项目、与台湾中山大学合作的双学位项目，也有与德国顶尖商学院曼海姆商学院合作的英文双学位项目。典礼举行当天，台湾中山大学的项目负责人林豪杰教授送了我一本书，描写的是12位台湾中山大学EMBA学员从0到1的创业历程。当下我就觉得这是一个非常好的创意，我们完全可以借鉴，整理出版同济EMBA企业家的创业启示录。因为过去几十年中国经历了百年未有之大变局，企业家是这一伟大历程的重要参与者和见证者，以他们的经历为蓝本的故事是变革时代的缩影，是中国梦最具代表性的实现样本，更值得被书写，更值得被“看见”。

我马上询问了几位同学是否有兴趣参与，大家一拍即合，当即决定出版一个系列文集。他们的创业经历不仅对个体具有独特的记录价值和意义，而且对于商学院学生这个群体更是生动的案例参考，对社会上其他创业者和企业管理者也有借鉴和参考价值；同时也是同济EMBA项目教育成果和同济大学教育影响力的集中展示。

第一期，我们从当年毕业的校友中选择了10位来自不同行业、不同城市的自主创业的素人企业家，以“转身之道”为题，记录他们创业“转身”的心得与思考。之所以选择这个主题，除了寓意EMBA学员们在这几年间完成的个人事业的转型外，也想透过他们个人的经历来刻画我们所处的时代。

企业家张瑞敏曾经说过，“没有伟大的企业，只有时代的企业”。身处时代的洪流，个人和企业的命运都被打上了鲜明的时代烙印。本书中的10位主人公大多数是20世纪70年代生人，他们工作或者创业都是从20世纪90年代开始，比如黄晨、周志刚的父亲的企业都是邓小平南方谈话以后成立的，属于“92”派的创业者，从他们创业至今差不多刚好30年了。依《说文解字》解释，“三十年为一世而道更”，简单来说就是每隔30年，事物发展的规则和道理就会发生变化。所谓“三十年河东，三十年河西”是也。

近现代中国，30年几乎成了“道更”的标志。2009年至今，又一个30年几乎过半，百年变局风云激荡，有人用“转身”这个词形容中国在世界上位置的变化。今天的中国，已经不再是世界变局的被动“看客”，正“转身”成为变局的重要变量。作为社会重要支撑的企业家们如何参与时代变局，回应时代的命题正是本书写作的初衷，而答案其实在10位企业家的创业历程中都埋有伏笔。

比如路明，在德国完成硕士学业，与BIM结下不解之缘，回国以后，在IT“洞穿”一切行业之际果断入局建筑领域创业，遭遇早期危机以后，卖房应急，不断自我迭代升级，从平台公司转型数字孪生业务，布局智慧城市赛道，一跃成为智慧城市服务的供应商。

罗军，先后担任佳兆业广州公司董事长、佳兆业集团副总裁等职位，赶上了房地产行业的黄金时代，抓住了时代红利，但是万物流变，无物常驻，再辉煌的行业也要经历周期的考验和漩涡的洗礼。在集团公司业务转身以后，他跳出自己的舒适区，从驾轻就熟的房地产行业跳到一窍不通的大健康领域，彰显的是企业家的冒险和担当。

石华燕和徐伟青巾帼不让须眉，明明都已经实现财富自由，完全可以舒舒服服享乐人生，但是企业家精神可能是流淌在她们血液之中的基因，使她们人到中年，仍不满足于现状，走南闯北，乘风破浪、披荆斩棘。石华燕先是放弃上海的优渥，北上长春，开辟、培育当地的珠宝市场；成功以后再逆势南下，到深圳开启第二条增长曲线。徐伟青放弃电视节目主持人的光鲜，躬身进入房地产领域，凭借自己的敏锐和坚韧掘到第一桶金。成功以后，抱持企业家“我要尽我所能为社会做点什么”

的使命感进入科创领域，潜心投入，耐心等待，等一树花开。

黄晨放弃大学教师的身份，转身进入医疗后勤服务行业，既拥有上海人坚守规则的一面，同时也像所有成功的商人一般，善于突破。张兵迫于国企改革的压力被动离开家乡，向全新的平台进发，进外企，入华为，并追随华为海外扩张的步伐征战国外市场，视野开启人生，他像一叶轻舟，在行业的浪涛里漂荡。

和黄晨一样有过高校工作经历的是黄永超。他也像很多创业者一样，年少的时候就对按部就班的人生充满了抗拒，从国外研究员到大学老师，再到国企研发，最后选择自主创业，多次转身变道，一路见证并参与中国新能源汽车的创造征程。创业于他仿佛是宿命一般的召唤，旁人看来动荡不安的生活，他自己却甘之如饴，安享一直“在路上”的自由与变化。

自古创业艰难而守成更加不易，周志刚子承父业，他说自己既在守业，也是在创业。父辈过往的成功，为他铺垫好了一定基础，但是要引领企业的持续成长，必须要熟谙“道更”的法则，应时而变。

10 位企业家中有两人是台湾同胞，祯祥食品的庄焕平临危受命，为家族企业的传承勇挑重任，15 年里经历并见证了中国食品业的巨大变迁，带领家族企业成功完成了战略转型。谢铭峻放弃长庚医院外科医生的身份，凭借自己的商业直觉和胆识把自己打造成一支队伍，孤身进入大陆市场，紧紧拥抱电商，踏准了时代节拍，让时代的洪流与企业的努力形成同频共振，创造了属于自己的品牌王国。

10 个人的创业历程从不同维度揭示了中国产业的时代变迁。他们有的来自食品、房地产、汽车等传统行业，也有人从事医美、珠宝设计、新能源汽车等新兴行业。每个人都经历了行业的周期起伏和多次的转身。对企业来说，“转身”是交叉于现实与未来之间的一道道选择题，是企业应对时代之变的自我审视、自我选择和自我进化的过程。对企业家来说，“转身”是一种生命的姿态；是企业家精神的真实写照，彰显的是胜不骄败不馁的勇气和担当。“转身”需要的核心素质是创新思维与行动。正如未来学家尼葛洛庞蒂说：“预测未来的最好办法就是把它创造出来。”

当然“转身”不全是成功，如同我们在生活里的选择一样，一生中总会有那么几次“撒手”或“转身”，可能是对情感的割舍，可能是对过往荣耀的放下，也可能是不得不“转身”的重新出发。他们每个人几乎都经历过“转身”中的犹豫，阵痛，迷茫，所以这不是一本关于成功的故事，而是一本关于成长的故事；这是一份真实的观察与记录，没有美化，没有拔高；这是一份自己与自己的对话，这是给同龄人、同路人的忠告和分享。

在主流的书店、机场等渠道中，成功学大行其道，不乏成功企业家的创业故事，但书中的人物多是时代的中心，自带光环和滤镜效果，对于普通读者来说，很有距离感。而本书中的10位主人公是素人企业家，他们的成就虽不及时代中心的名人，但他们的故事有血有肉，并且离每个人都更近、更有代入感，也更容易唤起大众的共鸣，具有更强的参考和借鉴意义。

为兼顾可读性和理论性，本书摒弃了宏大叙事和案例写作的抽象与生硬，利用采访的形式，秉承纪实的风格，以专业学者的视角和民间写作的立场对本人的阐述做了记录和提炼。在展现时代和社会图景的同时，更注重展现创业者的特质和心境转换，以及他们命运当中的偶然和必然。并以此为基础，挖掘出创业者的动力和人物弧光，凝练出行业的发展规律和管理心得，兼具场景的还原、主体的在场和他者的间离感，力图做到客观生动，同时带有一定的思辨性。在结构安排上，全书一共分十部分，每个企业家的创业故事独立成篇，每篇又包含两个部分，即引言和创业历程与心得。

本书的筹备可谓是一波三折，原计划是从2019年开始利用10个月的时间完成

10位校友的采访，但是没想到后来意外接二连三发生。一是我自己的健康出现了危机，不得不住院手术治疗，以至于一年后我彻底离开EMBA中心，倒也应了本书的主题，自己也经历了事业的“转身”，好处是对学员的心态更加感同身受。二是2020年前后发生的新冠疫情绵延至今，既耽误了我们的采访行程，也打乱了校友企业经营的节奏，一切似乎都陷入混乱。三是两年间同济大学出版社的编辑、领导以及同济大学经济与管理学院的领导班子也都发生了改变，原定的出版计划被迫要随之调整，所有的不确定性都交织在一起。好在吉人自有天相，好事多磨，2021年下半年重新启动，完成了全部采访与写作。2022年虽然新冠疫情再次卷土重来，但封控的两个月，正好给了我大段安静的时间完成了全部书稿的编辑与修订，也算是因祸得福。整个写作的过程于我个人而言是十年行政工作转身之后的回眸，同时也是对10个创业管理案例的整理与解析。

历经波折，此书能够成功出版除了要感谢10位校友企业家的配合，还要感谢同济大学出版社的鼎力相助，同济大学经济与管理学院一流学科建设经费支持，学院党委书记施骞教授、副院长程名望、钟宁桦教授的关心与指导，以及同济EMBA中心各位教授、同仁的帮助与鼓励。

此外，特别感谢华倩、屈波、王瑾对本书的贡献。其中，华倩参与了庄焕平、谢铭峻、黄晨、罗军的采访，屈波参与了石华燕、张兵、周志刚的采访，王瑾参与了路明、徐伟青的采访，他们的付出为本书的完成提供了宝贵的写作素材。

“现代管理学之父”彼得 · 德鲁克曾经说过：“在一日千里的结构性调整中，唯一能幸免于难的只有变革的引领者。我们无法左右变革，只有走在它前面。”本书中 10 位企业家以他们“转身”的案例呈现了企业转型变革的激情、艰辛和成功，作为专业院校，我们出版这本书目的就是给更多正在“转身”的企业家以启示和鼓舞，贡献我们的智慧和方案，这是我们的责任与使命。是为序。

同济大学经济与管理学院副教授
原同济大学 EMBA 中心主任

推荐序 1：企业家——时代的巨人

恩格斯在其著作《自然辩证法 · 导言》中，谈到 14 世纪到 16 世纪发生在欧洲大陆的文艺复兴时说道：“这是一个需要巨人而且产生了巨人的时代。”

任何一个时代的变迁以及变革，都需要领引的“巨人”，并往往会产生这样的“巨人”。同样地，在中华大地上发生狂飙式的改革开放的 20 世纪 80 年代，也是一个“需要巨人并产生巨人的时代”。然而与文艺复兴时代和历史历次变革时所需要的“巨人”和产生的“巨人”不同的是，中国改革开放所需要的、并产生的“巨人”是“企业家”。

几千年的中华文明史，跌宕起伏，波澜壮阔，各路英雄豪杰你方唱罢我登场，充斥在舞台上的“巨人”皆为王公将相，非贵即尊，从未见位卑工商业者的身影。改革开放的巨浪，开天辟地头一次，把“企业家”推向“巨人”的位置，从某种意义上说，中国改革开放取得令世人瞩目的成就，正是由于这个位置的改变。

经过四十余年改革开放“疾风暴雨”的洗礼，人们悟出了这么一个真理：经济建设中最重要的资源是企业家，最稀缺的资源也是企业家。企业家是特殊人力资本的拥有者，他们以丰富的管理知识、坚定的信念、永不停歇的创造欲望和勇于对风险承担责任的精神，组织和领导企业活动，神奇地配置资源并把其变成财富，创造了一个又一个经济奇迹，他们已经成为新时代的“巨人”。

然而企业家的资源是稀缺的。应该说，“上帝”是公平的，每个国家都有这种具有企业家素质的人才资源，而把这种资源配置在不同的领域，将导致不同的效果。如果配置在政治、军事领域，则会产生一大批政治强人，造就众多卓越的军事将领；如果配置在经济领域，将使得这些企业家的素质得以充分发挥，企业家的才能在市场中尽显，人尽其能，从而铸造出一批批优秀的企业。在经济建设年代如何把这批稀缺资源用在刀刃上，即配置在经济领域？显然，不是靠指令，也不是靠计划，而是靠市场的力量和时代氛围来配置。

今天，我们的时代需要企业家，我们的时代产生企业家，正是如此，一大批有志者进军工商业界，奋勇拼搏，演绎出一幕幕光彩夺目的“戏剧”，他们亦蜕变为企业家。现在，摆在我们案头上的由同济大学李奕滨著的《转身之道》一书，正是讲述了曾经在同济大学攻读 EMBA 的 10 名同学，如何在改革开放大潮中，破浪前行，勇做弄潮儿；其间，又是如何筚路蓝缕、艰苦备尝，终于不负时代而成佼佼者的。从这 10 名同学的经历可见企业家的形成不是天生的，最起码要满足以下三个要素。

时代的需要和召唤

如果没有改革开放，没有改革开放对企业家迫切的需求，个人纵然天生具有企业家素质，也是枉然。为何数千年中国历史上颇具成就的商人或“企业家”寥寥可数，而改革开放以来企业家队伍不断壮大，企业家阶层逐渐形成？正是因为我们的时代需要企业家，呼唤着企业家，为企业家的诞生创造了一系列良好的外部条件，为企业家的出现提供了肥沃的土壤和空气，可谓时势造英雄。如没有改革开放，书中所列10名同学大部分都不见得会创业而成企业家，如书中的黄晨曾是上海某高校教师，石华燕曾就职上海某公司做行政工作，张兵原是一名国企的工程师……正是这些同学在时代的需要、市场的召唤下，毅然“转身”，投入商海，从此生命发生了嬗变。

市场的摔打和磨炼

西方有一句谚语：“市场绝不是仁慈的！”（Market is never merciful.）市场如战场，残酷的竞争，快速的“内卷”，致使创业成功是偶然的，失败则是常态，市场绝不是仁慈的，市场也不相信眼泪。《转身之道》一书所列10名同学创业的历程，没有谁是一帆风顺的，都遇到过挫折，有的人甚至被逼到破产的边缘。书中所叙石华燕在香港的订货会上被人所骗、与老庙黄金的分家，特别是此次奥密克戎的逆袭，她所经营的长春百货损失达数千万元；谢铭峻初创期的艰难，打造自己品牌的困苦；陈龙投资媒体梦的破灭……大浪淘沙，挫折与失败把许多企业驱逐出市场，然而，战胜挫折与失败的企业牢牢站稳了脚跟，历经这种挫折之后，企业家成熟了。

学不可以已——不断学习

两千多年前，荀子说：“学不可以已。”说的是学无止境，不可停止，应不断学习。对于企业家而言也应牢记“学不可以已”。从市场发展的轨迹看，早期创办企业，最需要的是胆识，只要抓住机会，有胆量、敢冒险、肯吃苦，就能成功。然而，随着市场的成熟，科技特别是互联网、数字经济的快速发展，新知识铺天盖地而来，单靠胆量和经验打天下的时代已经过去。系统、全面学习经济管理知识，学习和掌握互联网、人工智能、区块链等知识已成为现代企业家知识库中的“标配”。更何况这些知识也在日新月异地发展，稍不留意，便被淘汰。

唯有不断学习，不停地汲取知识的企业家才能在惊涛骇浪的市场中乘风破浪，掌舵前行。正是基于这种认识，《转身之道》中所介绍的10位企业家，都毅然决然地进入同济大学EMBA项目，通过系统、全面的学习把经验式的管理上升为理性，把碎片化的认知转为系统，把只注视当前的市场变更为放眼全球，把不熟悉的科技变成驾驭自如的工具……

对于立志成为企业家的人来说，目前我们所处的环境和所处的时代是十分有利的。抓住时机、不负时代的馈赠，读一读《转身之道》中这些创业者的心路历程，对实现成为企业家之梦是大有裨益的！

本人自2003年起一直担任EMBA的教学工作，二十年的教学真是"教学相长"，与其说我教了学生，不如说学生也教了我。可以说，在企业管理知识方面，我与学生共同进步和成长。

《转身之道》中所介绍的10位企业家都是我教过的学生，我是亲眼所见他们如饥似渴的学习热情、迫切创造辉煌的心境……从他们身上，我看到了中国企业家的精神、中国经济发展的希望和前景。

“喜看稻菽千重浪，遍地英雄下夕烟。”一支世界一流的企业家队——我们时代的巨人——正在或已经形成，并向我们走来。

原同济大学经济与管理学院党委书记、教授、博士生导师

推荐序 2：转念–转身–转型–转行

2016 年，我在台湾中山大学开始推动 EMBA 同班同学的集体智慧书，从第一本书《传承 · 承传》出版，迄今已七个年头，其间陆续出版了《平凡的力量》《筑梦的坚持》《突破逆境 · 翻转人生》《勇气的力量》《破茧而出的人生》与《幸福三部曲》6 本书。每一年，中山 EMBA 都会有 10 到 15 位学员自动站出来，将个人的创业历程、经营智慧、管理手法与人生哲理等，用质朴平实、真情流露的文字娓娓道来，然后由出版社集结成册、正式出版，每一本书也都有数周会在全台的财经类新书排行榜上名列前茅。经过七年的耕耘，这一系列具有开创性的 EMBA 丛书已经成为台湾中山大学 EMBA 的特色之一，也是台湾中山大学 EMBA 回应社会期待的一个代表作。

当初推动这本集体智慧书的“初心”，主要有三个面向。一是各行各业有许多看似平凡却深具实力的“隐形冠军”，他们默默地在各个角落耕耘，这一点一滴的“小”力量是社会向前迈进的“大”动能，然而，这些中小企业的故事却很少被挖掘、整理与报道。二是 EMBA 汇聚了各界精英，他们为了提升经营格局，重新回到学校课堂学习，但是许多社会大众误认为 EMBA 只是一个社交联谊的俱乐部，不是一个知识传播与智能汇聚的平台。三是案例教学是近几年商管教育的发展重点，然而，目前学校教师使用的教学个案多来自国外，与本土企业的经营模式与管理思维并不全然契合。因此，这本集体智慧书，一方面希望揭开这一代经营者的心路历程与蜕变轨迹，留下传承与承传的典范，借以继往开来；另一方面，也希望提升 EMBA 的格局，帮助一般大众从知识与智能的角度重新审视 EMBA 教育。经过这几年的推动，当初的初心已经逐渐融为台湾中山大学的组织文化内涵，形成中山的隐性竞争优势，让外界对中山 EMBA 有迥然不同的评价。更重要的是，每一位作者所散发出的低调而勇敢、亲和而坚韧的品质，更在潜移默化之中成了许多人的榜样，影响了一些读者的思维与行为。“大人者，不失其赤子之心者也”（《孟子 · 离娄下》），这些作者不仅展现出各行业“隐形冠军”的气势，更以其赤子之心成为草根之地的祝福。

《转身之道》这本集结了 10 位同济大学 EMBA 学生经营历程的好书，乃是原同济大学 EMBA 中心李奕滨主任 2019 年与我在不经意谈话时产生的构想，并在中山既有的做法上增添了创新的元素。李主任的行动力超快、执行力超强，当年即找齐 10 位作者并与出版社拟定访谈时程，没想到过程中因个人健康出了状况、新冠疫情肆虐、出版社领导更迭等因素的阻挠，迟至如今这本书才终于问世，可谓好事多磨，但也因此看出李主任贯彻任务的决心与坚持。事实上，对我来说，李主任本身即是诠释“转身”的最佳案例。在我担任台湾中山大学与同济大学两校合作开办的两岸EMBA（Cross-Strait EMBA，CSEMBA）主任期间，我跟李主任有非常多的互动，对她有第一手的观察。一方面，她对学员的照顾无微不至，对学员的行业与学习状况了如指掌、如数家珍，展现出通远识微、敦本务实的柔软本质；另一方面，她有极佳的敏锐度与决断力，遇事一肩承担，具备“虽千万人吾往矣”（《孟子·公孙丑上》）的刚直气势。这种刚柔并济的“双融”特质正是“转身”的体现，也是个人或企业能否有效“转身”的关键。

“转身”是这个时代所有企业必须面对的重要课题。2020—2022年为许多企业带来了从未经历过的变局，除需面对新冠疫情的威胁，并除了应对全球供应链重组、新科技如元宇宙的发展与气候变迁等多面向挑战以外，还要满足各个利益关系人（stakeholders）在企业获利之外的全方位期待。这些外在挑战促使企业必须进行根本内部改造，借由跳脱既有产业规范、过去成功经验与线性思考轨迹的框架，去颠覆习以为常、行之有年的经营模式，甚至从平衡长短期的角度重新界定事业的范畴与内涵。当然，颠覆、破茧的过程是辛苦的，而且不必然能成功地“羽化”“转形”“转型”，然而，经营事业本就没有停滞与悲观的权利，只有“惟变所适”（《周易》）、与时俱进、顺势造势，学习“以治待乱，以静待哗”（《孙子兵法》），才能将每一次变局的洗礼转换成生生不息的能量与养分。

事实上，这阵子我常问企业家一个问题：“您觉得 COVID-19 暴发对您个人或您的公司有什么启发？”我的想法是：不管环境如何动荡，不管这百年难得一见的疫情对公司或个人的影响如何，我们都不应轻易善罢甘休，一定要彻彻底底由外而内面对真实的自我、从中学到或抓住一些哲理或教训，据以“超前部署”并转化为未来企业经营或人生规划的养分，才不致枉走这一遭。那些受到疫情负面冲击的企业，更应如此：需要在动荡中转念，展现过人的胆识、毅力与勇气，才有机会输一个战役、赢整个战争。这就是英国前首相丘吉尔所说“不要白白浪费一个好危机”(Never let a good crisis go to waste) 的真义。因为，“反者道之动”（《老子》），危机就是转机，“一家未曾经历过变局洗礼的企业，不能算好公司”，“海水退了，才知道有谁穿了裤子，谁没穿裤子”，才知道谁能挺过波浪的几番冲击。有一些人很幸运，靠搭顺风车、在风口卡位而扶摇直上，但这只能成就“一代拳王”；能够有勇气自我侵蚀、顺应变局，平日“广积粮、筑高墙”的企业，才能在低谷中扭转颓势、化危机为转机，在竞争中安身立命，也才有资格谈永续发展。这种反面但正向的思维，便是《孙子兵法》“先胜”的要旨与“以迂为直，以患为利”的智慧，也是卓越企业的本质。

“天行健，君子以自强不息”“地势坤，君子以厚德载物”是《周易》被津津乐道、影响广泛的两句话。面对当今乌卡时代（Volatility、Uncertainty、Complexity、Ambiguity，VUCA），即充满易变性、不确定性、复杂性、模糊性的环境，企业要能真正地“穷则变、变则通、通则达、达则久”，端视其领导者能否“享受”每一次遭逢桎梏与瓶颈的机缘，具备务本求精、自强不息的坚持与感恩惜福、厚德载物的气度。我相信，这10位作者从0到1创业，再从1到N兴业的“转身”、转型与转行经历，对于有心逃脱恐惧、跳出窠臼、逃离舒适圈的企业与个人，必然能够提供可资借鉴与学习的智慧。

台湾中山大学企业管理学系教授暨 EMBA 执行长
原 CSEMBA 项目主任

目录

石华燕：在珠宝世界里成就美丽人生

PROFILE

石华燕

同济 EMBA30 班学员

上品珠宝金行有限公司董事长

英国 FGA 皇家珠宝鉴定师

美国 GIA 钻石分级鉴定师

同济大学珠宝校友会副会长

中国宝玉石行业协会理事

引 言

第一次见华燕是在入学考试上，那天中午来参加面试的考生都坐在休息室中候场，中心负责招生的两个年轻的女老师溜进我的办公室，跟我偷偷地说今天来了一个大美女。我很好奇，什么样的美女可以让中心的小美女们交口称赞。我走进休息室，看见华燕着一套深色条纹的西装，安静地坐在沙发上，最深的印象是女人的皮肤怎么可以白得如此剔透？特别是她自我介绍说刚刚生完第 4 个孩子，我们全都错愕不止。单看身材和长相，任谁也想不到她已经是 4 个孩子的母亲。

俗话说得好，女人 30 岁前的容貌是爹妈给的，30 岁以后得靠自己。女人的美丽不仅仅是漂亮的外表，还是女性心灵、内涵、才智、情感、情绪、个性等方面的综合体现，所谓“相由心生”。因为爱美，华燕踏进了珠宝行业；因为懂美、会美，华燕自创的上品珠宝成功运营了 16 年。让人已经分不清是她的美丽赋予了上品珠宝那份生机和灵性，还是珠宝的衬托令她的美丽更加高贵动人。

只谈论美貌对华燕是不公平的，我们看过太多飞扬跋扈、自私自利的美女，但华燕留给同学们的印象是“富而不骄，贵而不舒”。华燕是过去 6 年对中心和班级活动赞助金额最高的个人，且每次都低调地拒绝了中心为此而做的宣传。她的慷慨和宽厚也让她和班级另外 6 名女同学相亲相爱，情如姐妹。这一切相加是一个成熟女人对美丽的最佳诠释和实践。

如果用一句话概括华燕的创业经历，那就是浙商的“四千”精神，即：“走遍千山万水、说尽千言万语、想尽千方百计、尝遍千辛万苦。”大学毕业至今，华燕走南闯北，顺着自己的商业版图，从浙江到上海，从长春到深圳，从未停歇自己的脚步，生意在哪里，机会在哪里，华燕就会把家安在哪里，她认为这是做企业的基本修养。正是在浙商“四千”精神内核指引下，华燕在珠宝世界成就自己闪闪发光的美丽人生。

一转眼，石华燕在珠宝行业里已经耕耘了 16 个年头，难能可贵的是，她不仅事业稳定，还有四个孩子，家庭美满，在外人看来，几乎是一个完美的女人。而平日里的石华燕也严格要求自己，力争在每一方面都成为孩子的榜样。石华燕直言，她喜欢活在赞美的眼光里。她说，做女人，就应该活得美美的。

让每一个女人都活得美美的，是石华燕的上品珠宝十几年来不曾改变的初衷。石华燕似乎并不在意自己的企业要做多大，也不喜欢盲目跟风赶潮流。她崇尚脚踏实地，每一步都能踩出脚印。

谈到企业的“转身”，石华燕深有理解和感触，上品珠宝一路走来有太多的故事，太多的转身让她记忆深刻。

石华燕与四个可爱的儿女

浙商基因代代相传

作为女人，石华燕的人生有很多选择，她既可以按部就班地做一个职场女性，也可以待在家里相夫教子，但石华燕的性格里流淌着浙江商人的血液，是那种对机会敏感而又敢于抓住机会的人。

石华燕出生于浙江宁波象山县的一个渔村，父母虽然都是农民出身，但是她的母亲性格坚毅又头脑灵活，在 20 世纪 80 年代农村可以搞活商品经济的时候，看到了赚钱的机会，开始做当地人都爱喝的黄酒的生意。有的农户住在山上，母亲不辞辛苦挑担过去送酒，有的时候还会给农户的孩子顺便带几颗棒棒糖，让全家人都开心。正是从这些小小的细节中耳濡目染，华燕学会了最朴素也是最本质的客户关系管理。而在父亲的严格教育下，石华燕养成了坚毅的性格，她最大的梦想就是到外面的世界去看看。

当年她从母亲的言传身教中学习了生意经，如今她自己作为四个孩子的母亲，没刻意去教孩子做生意，但她的孩子们都有非常敏锐的商业嗅觉和经商头脑。特别是老二和老三，二女儿12岁时开始在抖音上经营自己的账号，目前已经有20多万个粉丝。两个姐妹一个在抖音上做T恤电商，一个做文具电商，她们还建议妈妈和她们一起做一个母女联合的珠宝电商。不得不叹服浙江人经商基因的强大！如果说个人的命运是由其性格决定的，那么家族的命运应该是由他们的族群文化和基因共同决定的。

任凭时光流转，爱上珠宝的传承不变

18岁那年，石华燕来到大上海学习经济管理，毕业后进入上海一家企业做行政

上品珠宝的产品设计
——哥伦比亚祖母绿

工作，并很快凭借自己的聪明才智做到中层管理的位置，但对于此时的石华燕来讲，创业还是一颗埋在心里的种子。

女人天生爱美，石华燕也不例外。但与众不同的是，石华燕不仅爱美，还想多了解一点关于美的知识和门道。2003 年，石华燕花了两年时间学习并且获得了英国 FGA 皇家珠宝鉴定师资质；2005 年，获得美国 GIA 钻石分级鉴定师的资质。她不仅自己从未停止学习，在她的支持下，妹妹石华丹也完成了华丽的转身，成为美国 GIA 珠宝设计师，并获得国内外多个珠宝设计奖项，现担任上品珠宝的首席设计师。

在了解珠宝行业的过程中，石华燕嗅到了一线商机。她在香港出差时，常能看到在一些公共场合，大多数的女性进进出出时身上都佩戴着珠宝，在珠宝的映衬下，整个人看上去容光焕发。看到这一幕，石华燕不禁眼前一亮，觉得内地的女人也应有这样的一天。因为在她看来，珠宝除了佩戴功能外更具有收藏与传承的意义，在一代又一代的传承中，珠宝经历了悠悠岁月的洗礼，变得更为魅力四射而富有传奇。每一份珠宝也承载着一段情感，历经时光流转，依然璀璨闪耀的，那就是家人之间细腻、温馨的感情和家族传承的价值。唯有传承，才可延续。

收购长百，进入蓝海市场

2006 年，心动于珠宝的石华燕很快迎来了一个机会。她所在的上海企业决定收购一家长春的老牌商业企业——长春百货（下文简称“长百”）。长百是长春的一家有着悠久历史的国营企业，也是长春人心中的民生地标，是当地最具信誉与影响力的商场。在当时国有企业纷纷转制找出路的风潮下，双方顺利完成了公司的收购计划。听到这个消息后，做行政的石华燕抑制不住心头的兴奋，她觉得机会来了。

石华燕是自己品牌的最佳代言人

相比于上海珠宝市场的激烈竞争，东北的珠宝市场是潜力巨大的沃土。一般来说，产品战略有两个选择，要么是在“蓝海”中开辟新的道路，要么是在“红海”中杀出一条血路。蓝海指未知的市场空间，红海则是指已知的市场空间。石华燕选择了进入蓝海市场，她看好东北的珠宝市场，也看好长百的品牌效应。她说，那时候长百的黄金柜台总是挤满了排队交款的人。

为了珠宝梦，石华燕卖掉了自己在上海唯一的一套房子，倾尽所有积蓄，带着妹妹石华丹来到她此前完全陌生的东北，并创立了自己的珠宝企业——上品珠宝，让女人拥有上品人生便成了石华燕永恒的初心与使命。

就这样，上品珠宝从长百大楼的30平方米大的柜台扎根发芽了。石华燕有的是浙江人百折不挠的勇气和勇立潮头的精神。此外她还有一个法宝，那就是勤奋，付出超出常人几倍的努力。

石华燕相信天道酬勤。她说，十几年来勤奋从来没有离开过自己。另外，她无比确信的是，做珠宝是自己热爱的事业。一个人越喜欢他做的事情，就能做得越持久。这个道理，实在是再明白不过了。

独立品牌＋信息化管理——上品珠宝脱颖而出

上品珠宝和其他品牌的最大不同是，品类更多样，且更多商品都是独一件的，这无形中给库存管理带来了麻烦。但石华燕不怕这样的麻烦。从一开始，她就要求每一件货品都要输入进电脑里，进行信息化管理。而当时其他柜台的珠宝一般都是手写品名和价签。从长远考虑，石华燕坚持库存信息化。此外，上品珠宝的一个先天优势在于自创品牌，凡事石华燕和妹妹亲力亲为。

上品珠宝的系列产品

珠宝行业的水很深，石华燕也交过“学费”。一次在香港的订货会上，交了六七万元定金，拿货时，却再也找不见对方销售经理的人影。但石华燕并没有因为这件事而过分纠结，只当是买了个教训。每个创业者在创业之初都会遇到吃亏的事情，石华燕也不能幸免。

很快，上品珠宝取得了良好的效益。开业的第二年，上品珠宝的营业额就名列长百大楼珠宝商场榜首，此后多年一直遥遥领先。在此过程中，上品珠宝开启了多品牌专业经营模式，品牌的多元化、专业化的战略定位日渐清晰。

坚持直营，打造“上品”

上品珠宝在是否要坚持独创品牌的问题上也经历过一段插曲，石华燕也曾加盟过上海的知名黄金品牌，在彼此品牌优势的叠加效应下，业绩一路高歌猛进，但具

开设东北首家珠宝高端会所，发力高端市场

有敏锐市场嗅觉的石华燕还是结束了双方的合作，坚持走自己的品牌之路。

当时也有人建议石华燕做连锁，多布点，走资本扩张之路。但石华燕审时度势，还是忍住了扩张的强大吸引，这一方面与石华燕对上品珠宝的定位有关，另一方面与她们企业的管理模式有关。石华燕说，偏离初心将很难持久，因为她对上品珠宝的定位是“精”而不是“广”，是秉承品牌文化，传承珠宝价值，打造上品生活理念。在当年资本肆意的珠宝市场中，石华燕另辟蹊径，深耕品牌价值，坚持自己的品牌战略。

开设高端会所，提升客户体验

随后她知行合一。2009 年，上品珠宝在长百推出了东北首家珠宝高端会所；2013 年，上品珠宝面向高端消费群体，推出珠宝定制理念，

华燕翡翠

为公司的 VIP 客户讲授珠宝知识，提升高端客户的珠宝品位

进驻长春香格里拉酒店，打造顶级定制珠宝会所，发力高端市场。之后，上品珠宝建造了 3000 平方米珠宝会所，毗邻长春净月潭风景区，集游泳、红酒、影院、健身于一体，给 VIP 客人以最尊贵的体验，并多次邀请世界级珠宝大师 Gubelin 实验室主任 Dietmar Schwartz，莲花（Lotus）实验室主任 Richard Hughes 等来到长春为公司的 VIP 客户讲授珠宝知识，提升高端客户的珠宝品位。此外，还受到了著名珠宝杂志《芭莎珠宝》、台湾《珠宝商情》的关注并接受其团队来访，品牌的高端布局依然在稳健中推进。2019 年，石华燕把眼光聚焦在极具中式珠宝美学的珠宝品类——翡翠上，上品珠宝成立了以石华燕名字命名的高端翡翠品牌——华燕翡翠。

上品珠宝长春净月会所 & 深圳金展会所

上品珠宝的活动场场座无虚席，过程中没有人提前离席，很多女性客户愿意跟石华燕待在一起分享生活。对此，石华燕感到格外幸福。她解释说，上品珠宝不仅是在销售珠宝和服务，更是在向客人传达一种上品生活的理念，如定期举行西餐、红酒、咖啡、花艺等线下互动活动，无时无刻不向客人们传达着热爱生活的理念，不断提升客人对品牌的忠诚度和认同感。

直觉告诉石华燕，企业经营者中没有永远的幸运儿。2015 年，石华燕走进了同济大学的校门，攻读 EMBA 硕士学位。

学习带来灵感，深挖 VIP 客户

石华燕至今清楚地记得，在同济的一门营销课上，吴泗宗教授讲到品牌 80% 的利润来自 20% 的顾客，这些顾客就是品牌的核心价值。

10 多年来，石华燕几乎每一天都在跟各种各样的女性客户打交道。在这些女性客户中，石华燕有一个称号——“王”，她的拥趸们则开玩笑地称呼自己是她的“妃子”，这多半和石华燕的为人处世有关。她认为，销售从来不是为了简单地销售货品，而是把客户当成朋友，推心置腹地使客户心情愉快地进入珠宝的世界。

石华燕讲过两个小故事。一位女性惊喜地告诉她，她救了她老公一命。事情是这样的，这位女性刚买了一枚 2 克拉定制钻戒，在她拿到钻戒的时候，石华燕向她介绍了钻石的级别和净度、核对证书和钻石的镭射编码，并详细讲解美国 GIA 的英文版证书，一堂专业的钻石课程让她对钻石有了更深的了解和着迷。这位女性回家后一边招呼老公来看钻石，一边迫不及待地给她老公讲她刚刚学到的钻石知识。她的老公正拿着笔墨往书房走，见妻子这么兴奋，转身走到妻子身边想听个究竟。就

同济 EMBA 读书期间与同学合影

在妻子讲解的时候，意外发生了，书房的大吊灯突然坠落，发出巨大的响声……当然，每个人对于这件事都有自己的解读，但对于这枚钻戒，这位客人心里有了特殊的意义，就像每个结果背后都有一个缘由，她们之间因为一件珠宝缘起，成就了彼此的姐妹情谊。

还有一位喜欢珠宝的女性客户，不幸得了乳腺癌，精神上受到了极大的打击，觉得自己不美了，正好有一个合适机会与石华燕在会所相见了，原本一个平淡无奇的见面，却成了人生中一次美丽的“转身”。这位朋友一开始说：自己化疗后形象完全变了，不再是以前的自己，出门都要戴帽子，戴珠宝似乎失去了意义。石华燕告诉她，生病的她依然是孩子的美丽妈妈，每一个不曾起舞的日子，都是对生命的

同济 EMBA 读书期间与同学合影

辜负。没有长篇大论，彼此的交心让她更愿意用美丽去面对，而之后的每次会员活动，石华燕都会亲自邀约，让她尽可能感受到温暖。后来，这位朋友渐渐放下了心里包袱，倾注更多热情去面对自己、朋友和家人，每天出门都打扮得漂漂亮亮，佩戴上自己喜欢的珠宝，还报名上老年大学学习舞蹈，病情也在接近阳光的发展。石华燕说，美丽是一种力量，是一种积极的生活态度。事实上，类似这样的感动在上品珠宝的客户群中并不罕见。

在同济的课堂上，石华燕深受启发，投入更多的资源来更好地服务这几万名会员中的VIP客户，此后，石华燕对公司未来几年的战略布局有了更清晰的方向和定位。

就在公司的发展顺风顺水时，石华燕却作出了一项大胆的决定。对上品珠宝来说，无疑是一场革命。

从长春到深圳，逆风的方向更适合飞翔

2015 年年底，石华燕在深圳的罗湖珠宝产业园核心区里购置了半层最高档的写字楼，正式将公司总部从长春移至深圳。同时，她的四个孩子全部转到深圳上学。石华燕说，她想再一次全力以赴！

石华燕当然知道，长春的日子十分安逸优越，但远程管理能否持久，石华燕不敢肯定。

为什么要将企业的核心业务转到深圳，石华燕说，从长春到深圳，看似水到渠成，

刊登时尚杂志，扩大品牌宣传

但其实是一场大胆的重新自我塑造。上品珠宝在十多年的历练中，形成了属于自己的企业管理模式，但在取得阶段性成功的同时，石华燕在思考企业现在与未来发展时发现，突破就是要改变，走出去才能面向未来。通过来到同济大学学习，也让她更清晰发现了自身的局限性，应该去寻找更多的机会与挑战，面向国际，只有这样，才能将企业的前景真正置于未来。

石华燕想明白了一个道理：只有走出去才能看到未来，只有走出去才不会被未来淘汰。深圳是座年轻的城市，毗邻香港，资讯丰富，全国最大的珠宝集散中心也位于深圳，如果上品珠宝一直陶醉在固有的小天地里，企业很难触及最初的梦想。

转身，让上品接轨最前沿的珠宝资讯，在珠宝货源方面，打通海外国际珠宝源头市场，与泰国、缅甸、斯里兰卡等世界重要宝石主产区签署直采协议。

转身，让上品投资收购了江西的风尚电视购物，大举开拓市场，开辟出了一条零售业的新领地，并创下了 45 分钟 500 万元销售额的业绩。

但石华燕也知道，时代的车轮永远向前，传统发展营销模式逐渐“失灵”，传统电商的饱和式现状又让很多企业无功而返。在这样的时代背景下，石华燕决定将把更多的目光投向线上新媒体，立足深圳接轨最前沿的珠宝资讯，走传统营销与新媒体结合、主旋律与微传播相结合的道路。

如今的石华燕每天忙着跟年轻人开会，学习年轻一代的思维方式。她开始研究和入局抖音、小红书等新媒体，成为多个千万级大 V、网红的珠宝核心供应商，为上品珠宝再上台阶不断寻找新的可能性。来到深圳后，她的状态更有活力了。目前公司的业绩实现了线上线下对半开的局面，而且华燕更看好线上渠道，她梦想让珠宝在更具时代精神的互联网里熠熠生辉，精彩绽放。

路明：从 BIM 数字孪生先行者到“隐形冠军”的超越

PROFILE

路明

德国建筑学硕士

蓝茵科技联合创始人 / 总经理

德国黑森州执业建筑师

同济大学 EMBA28 班学员

BIM 数字孪生全周期应用及开发二十年

中国建筑装饰协会 BIM 专委会专家

中国城市发展研究院上海院 CIM 特聘顾问

同济大学 EMBA 设计协会秘书长

德国 Graphisoft 图软公司中国区应用及开发智库专家

引 言

路明身上有三个标签：海归、设计师、BIM 数字孪生先行者。每一个标签都代表一段过去，也预示着将来，它们共同铸造了今天的路明，你很难分清哪段经历的烙印更深，哪段经历微不足道。

诚如李大钊所言，无限的“过去”都以“现在”为归宿，无限的“未来”都以“现在”为渊源。“过去”“未来”的中间全仗有“现在”以成其连续，以成其永远，以成其无始无终的大实在。

路明曾经认为设计师其实都是活在未来的人，是现代文明的造物者，世界上有太多的不可能，可曼妙之处就在于一次又一次地实现了这些不可能，未来属于打破常规的人。而企业家是要活在当下的人，每天一睁眼就是员工工资、房租、账期等鸡毛满地的柴米油盐。因此，从设计师到企业家的跨越是痛苦的，但是挣扎过后是认知的升级和思想的升华。今天的路明对创业的理解是以终为始，以行为知，死磕当下，创造未来。

像路明这样设计师出身的创业者在同济 EMBA 群体中并不少见，这得益于同济大学的建筑设计声名在外，因此同济 EMBA 也聚集了相当一批慕名而来的建筑师和设计师，他们还组建了同济 EMBA 设计师协会，协会里大概有三四百名成员，成员们互学互助。路明不止一次提起，加入 EMBA 给他的事业带来巨大的帮助。他们这个设计师协会也提供了足够的观测样本，观察一个具有设计师背景的人在创业过程中的优劣势。当然这是一个宏大的话题，远非一篇短短的导语可以言尽。但是一言以蔽之，每一个人都是设计师，每一个人都应该拥有设计思维。

设计思维具体而微地表现在产品设计、空间设计、内容设计、架构设计上，也会体现在战略、商业方法、商业模式和顶层设计能力这些方面。硅谷创业领航者“霍夫曼船长”说一个创业团队除了要有一个 CEO（Chief Executive Officer，首席执行官）和一个 CTO（Chief Technology Officer，首席技术官）以外，还应该有一个创意设计负责人。即每一个团队都需要一个操盘手、一个黑客和一个设计师。

路明在“平行语宙”上海市青年创意分享会上畅谈设计未来的发展方向

在一个初创的企业中，设计思路的重要性绝对不能被低估。可能有人认为硅谷是一个以技术为核心的生态系统，但实际上设计成了这部创新机器的核心，由设计创新所创造的财富要比由技术创新所创造的财富要多。由此，我们有理由相信路明们是勇敢的跨界实践者，而跨界是引爆创新的支点，创新又是创业家的灵魂和宿命！希望路明的故事能够给您信心和启发。

蓝茵科技公司总部位于上海杨浦区创智天地企业中心

物联网时代的中国 BIM 数字孪生先行者

路明是个很健谈的人，即便你们是第一次见面，也不用担心冷场。他会一直侃侃而谈，话题在建筑、设计、创业之间来回跳跃，但说得最多的还是 BIM 与数字孪生。BIM 与数字孪生之于他，既是现实，也是梦想。

路明是 BRG 蓝茵科技联合创始人、总经理。蓝茵科技全称蓝茵建筑数据科技（上海）有限公司，这是一家结合先进的物联网技术、以 BIM 数字孪生模式链接建筑行业信息化全周期解决方案的拥有原创技术及自主知识产权的智能科技公司。蓝茵科技通过物联网 +PLM+ 分布式云计算技术按照产业数字化模式进行城市建设项目全生命周期管理，作为数字孪生操作系统，其可以在建筑数字化、工业数字化、园区数字化、城市数字化等方面提供落地的技术解决方案。

在创办蓝茵科技之前，路明先后在国外建筑事务所、国内地产公司任职，一步一个脚印稳步升至高管。在很多人看来，路明去创业就像原本已定向的舵突然转了个新的方向，前途未知。但对路明而言，创业并非突如其来的念头，也不是理想主义的狂热迸发，而是一件水到渠成的事情，路明创业之路的源头可追溯至他 2002 年留学德国的时候。

留学德国，中西合璧——设计思维的养成

学建筑设计的，都想去德国“朝圣”，路明也不例外，去德国留学也早就在他的人生规划中。对留学生活，路明做了各方面的充分准备，他如饥似渴地汲取各种新知，为使自己学到的知识扎实可用，路明从不虚浮在学问的表面而自喜，而是力图深潜，以求真知灼见。

留德期间，收获之大，远超预期。路明一一列举自己所得：与 BIM 数字孪生结下“不解之缘”、专业知识系统的建立、人生经历的充实、眼界的开阔……但“最

在德国求学期间的路明

难得的是设计思维的养成”。路明将之形容为“思维方式上的脱胎换骨”，不亚于一场“新生”。

在德国读书时，路明发现不同于国内灌输式教育，在国外课堂上很多问题根本没有标准答案，老师也不是衡定对与错的绝对权威。国外教育更多是强调自我的探索和学习，鼓励独立思考，当你提出一个想法时，关键在于你是否能逻辑自洽和自圆其说。深受开放自由的学习氛围的影响，路明的思维变得更为开阔，如水无常形，灵动多变。

路明在留德期间曾参与过法兰克福历史博物馆的改造项目，他用了中国道家的哲学思想，以虚中有实、实中有虚的观点来阐述自己的设计理念——建筑是一个空间，而非实体。尽管德国人对道家思想并不了解，但路明的阐述逻辑通顺，蕴含普世智慧，令项目方非常信服并高度认可。“那时我就意识到，建筑设计虽然是现代产物，但

路明向德国教授展示其 BIM 正向设计作品

路明与他的作品法兰克福国际会展中心

不一定用规范的理论才能讲得通。以小见大，工作是这样，那人生中的很多其他选项，更没必要非囿于一隅，执于一端。”

开放性思维的养成，令路明敢于求新求变，敢于接受新鲜事物，这也让他抓住了 BIM 发展的机遇，走上了创业之路。

与 BIM 的“不解之缘”

在德国，路明第一次接触到了 BIM 技术。BIM 技术可以从设计端切入，以前传统模式中种类繁多、专业度极高的图纸能转变为通俗易懂的 3D 模型。同时，BIM 可以将整个建筑全生命周期的数据都集成在一个平台里，从而就避免从设计到施工

路明与德国同事在法兰克福美因河畔

的信息断层，减少施工变更、返工停工的现象。更重要的是，在后期的运营管理中BIM 技术也可以发挥非常大的作用。哪怕只是更换洗手间一只坏掉的灯泡，也可以很轻松地在 BIM 平台上找到供应商的信息。

留德期间系统而完整的 BIM 学习，对路明来说犹如打开了一扇新的大门，原来建筑还可以这样“玩”。学成后，路明任职于欧洲著名的工程咨询公司欧博迈亚（OBERMEYER）及阿尔伯特 · 施佩尔（AS&P）建筑规划事务所，从普通建筑师慢慢做到主创建筑师，再到大型工程的项目负责人，先后参与负责过德国法兰克福会展中心、法兰克福国际机场西航站楼扩建工程、长白山国家级旅游度假区、天津滨海新城海洋商务园区、广州珠江新城核心区地下空间等知名项目。后来，路明被公司派回国内，这让路明有机会接触到国内的建筑设计行业。他发现国外 BIM 技术的市场已经非常成熟时，国内对 BIM 的应用还只是“小荷才露尖尖角”。深知 BIM 技术价值的路明，一直都相信在信息化高度发展的今天，建筑行业不可能一直都停留在原始阶段，BIM 终将会成为国内建筑行业的主流。

2009 年，路明担任上海中鹰地产集团项目总监，后升任至董事长助理。工作期间，他更深入地了解了国内建筑行业，并开始尝试用 BIM 技术去做设计、开发和管理。在中国知名绿色高端地产项目——上海中鹰黑森林综合社区这个项目中，路明用 BIM 技术进行了设计及建造的多维度管理。该项目应用了德国 29 项绿色建造技术，获得国内多项地产大奖。

很快，路明在业内名声渐起。越来越多的企业找上门来，希望路明能帮助他们打造高科技的地产项目。蓬勃的市场需求给了路明创业的信心，2011 年他与合伙人共同创办了蓝茵科技。

卖房救急——九死一生的第一次转型

尽管在创业前路明已经做好了充分的思想准备，但创业的艰难还是让路明备受

路明在 2018 中国海归创业大会上进行创业分享

煎熬。2017 年，蓝茵公司第一次面临业务转型——从原来的咨询服务（BIM1.0）转型为平台公司（BIM2.0）。在很多人看来，BIM 不就是几个软件吗。路明觉得这是对 BIM 价值的极大低估，他们想做的是全生命周期 BIM 大数据平台，是多个阶段软件模块的数据集成。BIM 的软件及平台开发是个非常烧钱的事情，需要大量资金、技术和人才的投入。特别是有经验的 IT 开发人员成本特别高，那两年又正好赶上几个大的互联网公司疯狂扩张，一时间“码农”的身价水涨船高，民营的初创公司应付起来非常吃力。很快，研发的成本超出预算，公司的现金流开始紧张，原本的四位合伙人有两人陆续退出。

即使在这样的焦头烂额之际，路明也未想过放弃。“因为当时坚持很久了，如果放弃就等于是归零，肯定是不甘心的，事后也会觉得遗憾，所以我决定再赌一把。”创业，本就是九死一生。路明决定向死而生，以破釜沉舟的勇气放手一搏。在家人的支持下，路明卖了家里的一套房子，来支撑公司的发展。经过了各种努力，公司终于转危为安，度过了公司成立以后的第一个危机。

如果说唐僧西天取经要经历九九八十一难，创业只多不少，如今再回忆当初的艰难和纠结，路明仍然心有余悸，因为有太多的创业者半途折戟，甚至输得倾家荡产，路明和他的团队从此次危机当中吸取的最大的教训是：“创业者要未言胜，先言败。”之后，他和团队多次复盘，以终为始，不断完善流程组织架构设计。也是因为这次事件，让路明认识到财务及融资的重要性。

第二次转型——从平台公司到数字孪生解决方案提供商

对于蓝茵科技的初步成功，路明除了将其归功于“护城河”的建立外，还提及“这

路明在上海国际城市与建筑博览会发表关于 BIM 全生命周期的主题演讲

与国家政策的推动及整个互联网的发展是分不开的”。路明认为 BIM 经过前期的客户端软件时代，发展到目前的互联网平台时代，今后随着 5G 的来临，一定会向物联网时代迈进，而那时 BIM 的价值将会得到淋漓尽致的展现。

路明以目前正在进行中的一个市政桥梁工程为例进行说明。“以前桥梁检测都是人工进行，不仅耗时长而且人力成本高，效率也很低。现在完全可以在桥梁上安置好传感器，对桥梁的各种数据进行实时、连续不间断的监控，一旦数据异常就可以在 BIM 平台上报警，甚至可以直接将数据发送到负责的维修人员的手机上，维修人员在手机上可以直接根据地图定位及构筑物具体三维位置信息找到相关的维修位置，精度可以达到厘米级甚至毫米级，而不用像过去那样，由指挥中心人工层层安排下去，现在完全可以做到智能监控。所以 BIM 不应该只限制在房建领域，在基建领域、智慧城市中都可以发挥更大的作用。”

路明对 BIM 全局性的宏观论断已经被现实验证。不仅上海在加快筑牢城市“数字底座”，越来越多的企业也开始推进数字化转型升级，蓝茵科技迎来了爆发式发展。路明顺势而为，将公司的战略进行了第二次转型，即由 BIM2.0 的平台公司转型为 BIM3.0 的数字孪生解决方案提供商。公司的 SLOGAN 也相应从“BIM technology and consulting”调整为“digital twin solution”，公司的业务从常规的建筑类项目扩展到大量的非建筑领域，已经与很多工业园区、市政公司、城投集团、大型电信运营商建立了战略合作伙伴关系，帮助他们布局智慧城市赛道，公司一跃成为智慧城市服务的供应商。

路明在同济设计创意学院进行 BIM 数字孪生专题授课

做行业的“隐形冠军”——与互联网大厂的错位竞争

公司战略转型完成以后，业务非常红火，公司在行业内变得众所瞩目，但是路明没有被眼前的火热景象所迷，将摊子铺得更开更广。他清醒地认识到，对创业者来说，想清楚不做什么，比做什么重要十倍、百倍。

路明认为当下最大的结构性红利，就是从消费互联网到产业数字化的转变，产业数字化正在跟消费互联网融合。和互联网巨头相比，他们不具备 to C（面向消费端）业务的优势，这是大厂们的天下，蓝茵科技必须要错位竞争，找到自己的核心竞争力。

在路明眼里，蓝茵科技的核心竞争力在于两个方面：一是对于行业的理解和业务流 KNOW-HOW 的深刻认知；二是对数据的二次开发。互联网大公司掌握着流量的入口，他们在获取数据方面具有得天独厚的优势，但是他们缺乏对行业的理解，所以在产业数字化领域，他们这种依靠产业出身的企业反倒有了竞争优势。因此他将公司的业务定位调整为智慧城市建设提供“数字孪生解决方案”。正是基于这种独特的竞争策略，路明带领公司在这一细分领域进行着专心致志的耕耘，成为很多大型企业数字化转型升级后的“幕后英雄”。

在德国学习和工作的时候，路明发现“德国制造”的成功奥秘在于除了众所周知的世界五百强企业，更优秀的企业是闷声发大财的行业隐形冠军。《隐形冠军》是德国管理学思想家赫尔曼·西蒙的经典之作，他因此被称为“隐形冠军”之父。赫尔曼·西蒙认为：一个国家若想取得出口成功，确实需要大公司，但如果想做到表现超群，必须依靠那些拥有强大国际竞争力的中小企业。这些中小企业就是隐形冠军，它们才是国际竞争能力的源泉。路明特别认同赫尔曼·西蒙的观点，他也梦想把自己的公司打造成行业的隐形冠军，深耕一域，默默地在细分领域独占鳌头，担得起“冠军”的头衔。

当不断有合作伙伴表示“我们经过多次尝试，但最后发现，有些事情还真的只有你们才做得了”时，路明就知道自己铺就的这条“隐形冠军”之路成了。隐形冠军的竞争优势就在于“有些事情还真的只有你们才做得了”。

入读同济 EMBA，“技术咖”转身为企业家

路明对公司发展战略的精准把握，一方面基于他这些年对 BIM 技术发展趋势的前瞻性认知，另一方面得益于他从“技术人才”到“企业家”思维的转变。2014 年路明作为公司的创始人和总经理，在创业过程中遇到不少难题，解决起来常常是“按下葫芦浮起瓢”，这令他意识到自己需要整体而系统的学习来提升自我。

路明与 EMBA 同学们合影

路明作为协会秘书长参加 2017 年 EMBA 设计协会嘉兴年会

路明决定就读 EMBA，在考虑学校时他毫不犹豫地选择了同济。“德国、建筑这两个元素，注定我和同济天生契合。”入学后，路明如鱼得水。当时他所做的 BIM 技术在国内还不为人熟知，但同济 EMBA 的王广斌教授、何清华教授等人都已经是国内 BIM 行业的知名学者，他们非常理解、认可并鼓励路明从事 BIM 及数字孪生领域，这让路明颇有“得遇知音”之感。除了老师外，很多同学也给予了路明很大的支持。“在同济 EMBA 我遇到了很多同行中人，给我带来很多商业上的机会。目前公司很多客户及合作伙伴都是同学对接或介绍的。”

路明将同济 EMBA 的求学经历视为巨大的人生财富，“如果说德国求学是奠定了我的专业方向，那同济就是培养了我的企业家思维。读同济 EMBA 之前，我合伙人说我就是一个技术咖。读完之后，我不敢说自己就是个企业家了，但至少现在我是在以企业家的思维去看问题做事情。”

搭建行业交流平台，携手共进促发展

在读完同济 EMBA 后，路明舍不得离开这个学习氛围浓厚的平台。在繁忙的本职工作之余，他担任了同济 EMBA 设计协会的秘书长，谈到初衷，路明说：“其实设计是一个很广义的词，人生也是需要规划和设计的。我们希望通过这个平台，能把喜欢设计或者设计行业上下游的专业人士连接到一起，一起进入后 EMBA 时代，去做些对这个行业、对社会发展有益的事。”

不限于空想、将责任扛在肩上的路明总是闲不下来，他对 BIM 数字孪生未来的

蓝茵科技实施的项目获得首届智建杯金奖

路明在项目现场进行三维数字化扫描复原

发展前景充满信心，但对当时国内 BIM 数字孪生的发展现状又忧心忡忡。“BIM 在国内的发展路径跟国外完全不一样，国外是自主发展起来的，国内大多引进的是国外的技术，信息的不对称就导致很多东西都走样变形了。很多人对 BIM 只是一知半解，或者说理解得完全就不是 BIM。”为此，路明还担任很多国内高校及培训机构 BIM 课程的高级讲师和顾问，为的就是让人们去了解和认识 BIM 的真正价值。尤其是“新城建”政策被大力推广之后，BIM 加上物联网及 GIS 技术，形成了新的“CIM 概念”，同济经管学院的老师还邀请路明进行了以“BIM”“数字孪生”“新城建”为主题的课程分享，对 BIM、CIM、GIS、数字孪生进行了全方位的解读。

令路明欣慰的是，随着 BIM 数字孪生技术的逐渐普及和广泛应用，BIM 数字孪生的价值被充分挖掘，应用到诸多行业，改变了行业生态。例如，建筑行业的标准化很难统一，但有了 BIM 数字孪生技术，在这个房子未造之前，可以通过 BIM 数字孪生技术进行模拟，甚至可以就安装工艺对工人进行系统性培训，以后建房子就跟搭积木一样。而且这个工业水准应该是不亚于奔驰车在汽车行业的水准。

谈及未来，路明很坚定地说：“我们将一如既往地坚持创新精神，持续为企业提供基于 BIM 数字孪生技术的数字化解决方案，为推动上海城市数字化转型和建设 1 ∶ 1 的数字中国贡献力量。”

路明的人生偶像扎克伯格说过：“如果做你所爱的事，在逆境中就依然会有力量。”很多人终其一生浑浑噩噩，无所作为，体会不到生命的乐趣和意义。从这点上来说，路明无疑是幸运的，他找到了 BIM 数字孪生，找到了真正属于自己的事业，找到了源自心底的热爱。余下的事，便是忠于所爱，一往无前！

路明这一路的坚持有着难以向旁人言说的辛苦和艰难，但勇者无惧，前路之光让路明的步伐更坚定从容。

黄晨：规则的突破与坚守

PROFILE

黄晨

同济大学 EMBA29 班学员

上海吉晨卫生后勤服务管理有限公司董事长

上海市政协委员

上海中青年知识分子联谊会专业人士分会副会长

上海市新的社会阶层人士联谊会理事

上海市工商联第十四届执委会委员

上海市卫生系统后勤管理协会常务理事

上海市保安协会常务理事

黄浦区工商商会副主席

引言

因为看好大健康行业在中国的发展机遇，同济大学在2014年开设了医疗健康管理的EMBA特色班，以满足大健康行业对高管人才的需求。班上汇聚了大健康产业上下游企业、医疗机构的高管和创业者，黄晨就来自这个班级。

管理学上常讲战略就是预见，很多同学认为黄晨有战略眼光，可以在30年前预见中国这个人口大国对医疗健康的巨大需求，毅然决然下海创业，30年来事业蒸蒸日上。黄晨很谦虚，将自己的成功归结为运气。

人们常常艳羡善于抓住机遇的人的眼光，殊不知机会既需要发现它的眼睛，也需要落实它的胆识和行动。当你觉得某种情况还是趋势的时候，就已经比人家慢了一拍；当人家早早入局，把趋势变成现实，你却还在眺望。所谓“早行三日，富贵一生”！

过去30年，中国经济确实涌现无数风口，有不少的幸运儿凭运气屹立潮头，但当大潮退下，能够凭实力继续乘风破浪的人还是少数。黄晨在医疗健康领域的成功，除了运气，一定有他的独到之处。他把自己的经商秘籍总结为：对人，不要小家子气；对钱，要拎得清；对事，要学会“捣糨糊”。熟悉上海地域文化的人一眼可以看出这是典型的海派风格。

有不少学者在研究商帮文化，海派、京派、晋商、浙商、闽商、粤商……一方水土养一方人。那么什么是海派，对于我这个在上海生活了30多年的东北土著来说，对海派文化经历了否定之否定的认同。一开始与新上海人李诞有同感，认为上海是个“冷漠”的城市。待得久了，发现上海的“冷漠”是它最大的魅力！“冷漠”意味着边界意识和对规则的坚守，“冷漠”更接近公平和文明。

以策划编写此书为例，黄晨谈不上热情，但是一经承诺，他是配合度最高的，第一个将所有的资料准时提交。用上海话说，思路飒飒清！底蕴这个东西，不服不行！当你无法判断一个人的素质时，可以看看他的家庭。当你无法判断一个企业的素质时，不妨看看他所在的城市。人的行为是环境的产物，黄晨的故事带你认识一下他所在的行当和“魔都”这座城。

忍痛割爱“铁饭碗”，破釜沉舟入商海

黄晨是一个典型的上海商人。他既拥有上海人坚守规则的一面，同时也像所有成功的商人一般，善于突破。

他曾是捧着铁饭碗的高校老师。1988 年，从上海科技大学毕业后，便进入上海第二医科大学工作，过着那个时代所有人眼里稳稳当当的日子。但很快，新的时代就来临了，1992 年，小平同志到南方视察，改革的春潮席卷大地，精英分子纷纷投身商海。

不同于 1984 年下海的企业家，92 派的商人，大多是成熟的技术掌握者或资源拥有者，包括冯仑、俞敏洪、李宁等一批代表性的企业家。而 1993 年年初辞职下海的黄晨，也同样拥有着那个大时代下商人们共有的特点和烙印——精英分子，善于学习、富有激情，能从国际上借鉴成功经验。

当时在二医大搞口腔材料研究的他，于 1993 年 1 月辞职后，立即建立了以口腔材料研发为主要业务的爱吉医学。看起来整个行动十分迅速，但过程并非一帆风顺。除了父母的反对，对黄晨而言，而更难的抉择在于，他没有退路。当时打算与他合伙的同伴，都想留职停薪，但注册公司至少要有一人全脱产，其他人不愿意，黄晨想走这一步，就不得不自己辞职。

这个选择并不容易，黄晨内心也有过各种犹豫和挣扎，但时代潮流的方向，还是推着他往前迈出这一步了。

20 世纪 90 年代初的上海，各种经济形式逐渐崛起，发展的速度超出想象，街头上的人们也不再是统一的深色着装。不少时髦女郎已经有多余的闲钱饲养宠物，而骑着摩托车来往的小伙儿里也有不少人携带着万元以上的 “大哥大”。财富的差距在普通人中间开始拉大。致富，成了人们共同的心愿。

聚集在上海的外企，成为年轻人想要获得高收入的重要渠道。当时，外企资金大量涌入中国东部，跨国公司们纷纷和政府或私企共建合资企业，增长势头迅猛。而最具国际化和现代化意识的上海，自然成为不少外企的首选。当时的中国，本身就和西方存在着巨大的经济差距，加之以吸引最优秀的本土人才为目的，外企常常能开出高过市场几倍甚至十几倍的薪资，很快就成为青年人都想吃上一口的香饽饽，同时也使得一部分年轻人的收入与其他人逐渐拉开了差距。

黄晨深有体会。当时，他的工资只有300元左右，外企里同学的收入则轻松过千，甚至有超十倍以上的。和当时所有怀揣致富梦的年轻人一样，体制内外的财富差距激起了黄晨另谋他就的勇气，他最终选择了抛开那口稳稳当当的铁饭碗："要不就开公司，实在不行就去外资企业打工。"终于，他趁着院里领导出差的机会，破釜沉舟似的在一日内办妥了所有离职手续，从此一跃入海。

大学期间小试牛刀，掘得人生第一桶金

虽然事后看来，这是一个正确的抉择，但身处历史迷雾中的人群并不能对他们的每一个抉择都十分清楚。在新事物刚刚崛起、旧事物还占主体的阶段，每一个"选择"都需要极强的分析力和超常的勇气，在黄晨身上，就刚好都具备了。这既源于拥有技术的自信，也来源于他在大学时已积累下的一些经商经验。

黄晨的家庭环境不错，但在他眼中算不上优渥，大学时虽是吃穿不愁，但也没有多余的闲钱"出去玩"。大把的空闲时间，稀少的娱乐活动，黄晨和几个同学生出了做点小生意的念头。他们去过嘉兴和昆山贩鱼。半夜出发，到站后，两三个人背着包，从火车上跳下来，在黑漆漆的夜色里，沿着铁轨边的一片墓地，一直往前走。

他们也贩过西瓜，旺季时进回来，过段时间，等市场短缺后再卖出去。最让他津津乐道的，是卖芝麻卡的事。

芝麻卡是一种大小不一，流行于20世纪80年代的大学校园，一般在密友和情侣间相互馈赠的小卡片。最初，黄晨和寝室几个同学是以代销的方式进行售卖，一毛两分进货，一毛五卖出，卖不出还可以退还给渠道商，是个稳赚不赔的生意。不过很快，他们就发现，“不管我们觉得多差的芝麻卡，总能卖得出去，那不如选择买断所有芝麻卡，自己卖”。买断，意味着，如果赚，那么他们可以从每张卡赚三分一下涨到赚七分，利润翻倍，但如果亏，就得全部自己扛。

他们还是选择了买断。一个圣诞节后，两千多元进账。于他们而言，这简直就是一笔巨款。这让黄晨尝到了做生意的甜头，也让他得出了最早的生意经，“做生意，就是要不怕亏，亏得起”。

这次的经历给了黄晨自信，也让他觉得做生意没那么难。这种自信带来的果敢和气魄，一直是他生意场上敢于突破的关键，并总是能在合适的时候，帮助他抓住合适的机遇。

经高人点拨，进入医疗服务行业

20世纪90年代末，已有7年创业经验的黄晨开始为口腔材料的狭窄市场而感到忧虑，此时，一个新机会悄然出现。

当时，无论是医院还是大学，其后勤保障工作都还未对社会开放，这是不愿意被外人插手的“家务事”。但这种状况却形成了后勤事务上用工的冗杂和低效，也成为社会发展的痼疾。改革开始深入后，政府提出医院和大学的后勤保障工作应逐步外包的政策。而此时，大洋彼岸的美国，已经进入了专业化管理的阶段。当时还叫作 ServiceMaster 的 Aramark 等后勤服务公司已领先全球，成为香港后勤医疗服务行业中的领头羊。恰巧，黄晨的一位医疗界前辈作为干部团的一员去香港考察，大开眼界后，回到上海，找来黄晨，让他“干干这个”。

听了前辈的建议，黄晨把事业中心转移到了全新的医疗后勤服务之中。在这片崭新的蓝海业务中，除了香港的经验可以借鉴，其余一切都要靠自己根据国内市场的需求独自摸索。当然第一个要考虑的就是给公司起一个朗朗上口的名字。

都是天使惹的“祸”——“吉晨”名字的由来

几个月后，千禧年到来了，吉晨卫生也在这一年成立。“晨”字，一目了然，来自黄晨的名字，“吉”字，却并非仅仅是字面上“吉祥”的意思，它沿承自前一个公司“爱吉医学”的命名。“爱吉”实则是英文 angel 的中译。2000 年的时候，医患关系还很紧密，人们也习惯将护士称作白衣天使，那一年，有一部火遍大江南北的电视剧《都是天使惹的祸》，讲的便是一个小护士的故事。

黄晨想通过命名的延续，将自己的某种初心带到这个全新的细分行业——医院后勤服务行业里。从专业性的口腔材料研发，转到劳动密集型的医院后勤保障，虽说都属于医学相关的领域，但黄晨面对的，已然是一片崭新的市场了。

这是一片蓝海。此时的他，相比于 7 年前刚创业的时候，也有了更为丰满的羽翼。天高海阔任鸟飞，吉晨卫生的业务迅速并且稳健地发展起来。

吉晨卫生成立 20 周年纪念

有限公司成立20周年
CENTER
成立二十周年

谨慎务实，海派商人的生意经

为这种稳健保驾护航的，很大程度是黄晨上海人的性格。他调侃自己是个典型的上海人，“胆子小”，赚不来快钱。他举了个例。

20 世纪 90 年代初，中国的期货市场也已起步。1990 年 11 月，上海紧跟郑州，成立了全国第二家商品期货交易所。黄晨去现场观摩过期货交易，“3 万块打进去可以做 100 万的生意，但亏起来的话，几分钟就亏光了”，看了半小时后，他觉得，“心脏受不了”，上海人谨慎务实的性格，让他决定不走这条路。

也是因为谨慎务实，黄晨喜欢看得见、摸得着，实实在在的东西。这种性格带到生意上，便展现吉晨的核心商业理念。一是，他很实在地对外宣布：吉晨卫生绝不上市。缘由表面上是利润率不符合上市公司 10% ~ 15% 的要求，实则是因为医院有着其特殊性——公益性。吉晨是为医院提供服务的企业，黄晨带领企业走的是“微利多销”的路子，他认为，“我们总不能通过不断加大对医院的收费来争取盈利，毕竟医院是公益性的”，因此，公司的策略就是通过诚信和口碑，通过不断积累新客户来获得利润。二是，赚取合理的利润。这是黄晨一直强调的理念。他不认为这是出于“公益”的想法，而把它当成更好的商业规则和策略——现在的社会很透明，行业也不大，赚暴利表面看起来可行，但失去的是更重要的品牌信誉。

孰轻孰重，黄晨很清醒。用上海人的话来说，叫“拎得清”，即一种擅于审度时势、分析利弊，知道该做什么，不该做什么的特质。这帮助上海商人黄晨熟稔地掌握着商业的规则，总是能分辨出哪些可以更灵活地处理，哪些要认真恪守。

黄晨：上海吉晨卫生后勤服务管理有限公司董事长

商业江湖的规则与情义

他一直信奉一个宁波前辈的告诫。创业初期，他去宁波冶金大厦搞会务，一个老革命出身的董事长在饭桌上拉着他说："小黄，我跟你讲，出来混最重要的是三件事，第一要有冲劲，第二就是讲感情，第三要有义气。"

这番话黄晨一直记在心间，并作为自己在商场上行事的准则。他相信做到这些，能给自己带来"人和"的运气。"天时地利人和"是他在意的，被看作成功的原因。他列举了自己看过的人物传记，马云、许家印、李书福等，充分赞赏他们的能力，但还是强调：成功本质还是"天时地利人和"。这正是一层清醒，在这个时代，黄晨认为自己的成功不归功于多么强的个人能力，而很大程度上有着"天时地利人和"的运气。

"有才华有能力的人很多，但怀才不遇的也很多，运气还是很关键的"，他说。但他也不认为运气是凭空而来的，而是相信，运气是细节到位之后的"水到渠成"。永不陷入对命运抗争的被动，这是另一层清醒。

不膨胀，也不看轻人的主动性，上海商人黄晨拎清这两点后，商业世界对他来说，就"没有那么多条条框框"，剩下的很简单，"就是不亏人"。

不亏人，落实到对外的商业策略上，就是赚取合理的利润。对内，则帮助黄晨建立起一个强有力的稳固团队。一批 1996 年开始就跟着他干的员工，到现在还聚拢在身边，其中两位已成为吉晨卫生的副总。

有一个饶有戏剧性的小故事。早期，有一次公司陷入困境，仓库里压着七十几万元的货，账面上只剩几万元了。黄晨把几个员工叫过来，对他们说："把钱都取出来，一人拿一万吧。"员工以为这是要遣散他们了，发遣散费了。后来才明白，黄晨是在帮他们寻后路，这一万块是让他们拿去学驾驶的。假如公司倒了，他们还可以去开出租。当时开出租车很吃香，一个月收入能过万，但一般人家里拿不出去学驾驶的钱。黄晨一直没忘记宁波老前辈的话，要讲义气。

除了义气，“放手让他们自己做，待遇给足，然后‘无为而治’”，这也是黄晨的管理心得。他对自己的团队很有信心，谈起员工很赞赏。在他眼中，自己的下属时常既需要面对医生，又要面对清洁工，不同层次需要不同的沟通技巧，“很厉害，需要很高的情商，要能屈能伸”。

“能屈能伸”也是一个关键词，屡次从黄晨口中说出。但他为这个词赋予的内涵，更多的是指向一种平等。外行对“卫生”这个专有名词不甚了解，有时候看到“吉晨卫生”四字，以为是“打扫卫生”。每次面临这种情境，黄晨会说，“我就是扫地出身的”，态度不以为意。这种态度也贯穿在他和员工、朋友打交道的过程中，他对人“都比较尊重”。他对“老板身份”的理解，并不是停留在表面上的，他时常会派自己的车去接送客户，而自己就叫出租或者叫网约车。

这些对黄晨而言，是细节，在他看来，正是这些细节都到位了，才能“水到渠成”。去年，吉晨品牌下所有公司总收入已达 10 亿元，年增长率 30%。他开玩笑说，马云想让阿里巴巴成为百年企业，吉晨也同样有这个愿景。对于未来，他很乐观，确信 AI 的发展也无法取代吉晨，一方面吉晨使用的物业管理器械已经 AI 化，另一方面，医院后勤这个行业始终需要人工干预。

就读 EMBA，结识同道

谈及同济 EMBA，他称能够就读，是一种缘分。当年同济 EMBA 开设了医疗班，又有行业里的同伴一起就读，便没有太多考虑就报名了。两年的时间，导师任浩和他亦师亦友，自己也成为班级第一个毕业的。结识了不少同道，也沉淀了不少思考。

他的微信上有个江湖群。对于退休后的打算，他开玩笑说，就是吃吃喝喝，捣捣糨糊。说完，又意味深长地补充了一句：“‘捣糨糊’其实学问大得很，要上无泡沫，中间不结块，下面不沾底。”这其实是一种典型海派哲学，理性、现实、不迷狂。既不能达不到，又不能过了头，掌握好火候，便能在规则的突破和坚守之间进退有度。

在同济 EMBA 医疗健康产业沙龙荟成立仪式上发言

同门聚会

庄焕平：台湾家族企业的“苦行僧”

PROFILE

庄焕平

同济—台湾中山 CS-4 EMBA 学员

祯祥（苏州）食品有限公司总经理

引 言

焕平来自台湾，是同济大学经管学院和台湾中山大学管理学院联合创办的双学位 EMBA 项目 CS-4 班的学员。同济 CS 项目中像焕平这样在大陆经商，常年往返于海峡两岸的台湾同胞有八九十人，他们和大陆的同学同班上课，互相切磋，其乐融融，相得益彰。

焕平的英文名字叫 Tony，这两年大陆网民已经把 Tony 这个名字玩坏了，顺带殃及了美容美发业，但是在同济 EMBA30 班，只要一提起 Tony 哥，大家都竖大拇指。

在大家眼里，Tony 哥慷慨大方，他是做食品行业的，所以班上老师和学生都跟着沾光，享了口福，每当传统佳节，大家都能收到 Tony 寄来的各色精美点心和食品。每次学弟学妹去公司拜访，Tony 哥都热情接待，精心准备简报，全程陪同，让大家试吃公司产品直撑到扶墙而出，晚上每每还要在星级酒店招待。

Tony 哥还有个花名叫千杯不醉，可能是从小在台湾南部高雄长大，典型南部人的豪放性格锻炼出他的酒胆和酒量，每次班级聚会，一看到 Tony 端起酒杯敬酒，大家就开始疯笑、佯装逃跑，甘拜下风。但是偶尔在曲终人散之际，也能在他放空的眼神中看到一丝落寞和乡愁。这种乡愁既是他的个人情绪，也是他所属的台资企业家的集体意识。

那个因《乡愁》一诗而闻名海峡两岸的诗人余光中就住在美丽的西子湾旁，一首《乡愁》写尽了当年的异乡人对彼岸亲人的思念。而今世道轮回，在岛上出生的原乡人要到彼岸打拼世界，与在台湾的亲友分隔两地，同样的一处相思、两处别离！或许有一天还是要落叶会归根，但如今异乡早已成故乡，只能梦里一笑解乡愁。

西方人无法理解中国人为了下一代的幸福，为了家族的命运所作出的隐忍和牺牲，但这就是中国人的生存方式，“修身齐家治国平天下”的家国情怀早已扎根在每一个中国人的心里，成为中国人人生价值的终极坐标。祯祥食品的创业历程既是家族财富的代际传承，也是一部台湾版的“家春秋”。

同济 EMBA 校友参访祯祥（苏州）食品有限公司

台湾家族企业的艰辛传承

庄焕平自认并非聪明伶俐的类型，也不是天生的经商人才，但回顾整个前半生，作为家族的第三代，某种使命召唤着他，为此，他几乎贡献了自己的全部人生。

庙宇香烟缭绕，供桌上摆满菜品。烫着一头卷发，穿着西式洋装的女子正避挡着来往的自行车，旁边的三轮车夫帽檐遮挡着脸，双脚翘在车头上小憩。布衣小贩蹲在街头贩卖香袋。河边，是正在清洗衣物，成群结队的妇女。

这是 20 世纪 50 年代初，台湾高雄的街头图景，热闹、繁忙，预示着正在兴盛

外婆怀抱婴儿时期的 TONY

在台湾度过天真无邪的童年

之中的台湾经济。

街边，一位叫作张梦蛟的年轻人，双手提着行李箱，风尘仆仆，正拖家带口，着急赶路。虽身材魁梧，但在众人之中，并不显得出奇。谁也不会料到，不久后的将来，他将创办出一家驰名台湾60年的老字号——“祯祥”食品。

对张梦蛟来说，这是一次离乡背井、孤注一掷的创业。17年后，他的弟弟张宏泰也效法此举，甚至跨过了海峡，孤注一掷地开辟了全新的大陆业务。

在人们普遍的意识中，对于第一代创业者而言，孤注一掷是必要的：从零开始，一切都必须要ALL IN，才有成功的可能。但人们普遍不会认为，运作了60年的家族企业，仍然需要当家者的孤注一掷。

但祯祥（苏州）食品有限公司总经理庄焕平却清楚地意识到，时代的更替，局面的变化，对家族企业每一任的掌门者而言，变动着的一切，仍旧需要“孤注一掷”。

谈论“孤注一掷”的勇气容易，真正地押上全部赌注却异常艰难，需要“与之配套”的知识、经验、气魄，以及常人难以企及的坚持。而幸运的是，这一切品质似乎从20世纪起就写进了祯祥这个家族企业的基因里。

台湾经济起飞，祯祥应运而生

20世纪50年代的台湾，经济正经历着战后的恢复与发展，开始趋于稳定。当时的台湾当局在经济上推行“增加出口、减少进口及改善国际收支”的策略，决议优先帮扶投资少、技术要求低、能增加就业及自己能够生产的民生工业，如纺织、食品、水泥、塑胶等。这成为祯祥创办的背景之一。之后，1958年4月，当局又公布了“改进外汇贸易方案”等一系列法案，奠定了“出口替代”的发展战略，加大力度鼓励出口。

也正是这项政策，帮助台湾经济彻底脱离困境，成为其新时代的经济起飞点。

“祯祥食品”在这种大环境下应运而生。这四个字的一切都始于高雄自强三路的一幢楼房里。在这三层楼房里，此时的张梦蛟，已创业几年，辗转在一些小生意之间。不知道是哪一个具体的时刻让张梦蛟获得了足够的信息和洞察，他终于下定决心从小五金行业转向生鲜蔬果的外销生意。这个决定也许是一瞬间的醍醐灌顶，也许是长达几个月的反复思索，总之，决定时刻的细节已不可考，但决定的结果则是改变了张氏几代人的命运。

品质制胜，“祯祥食品”脱颖而出

不过当时的张梦蛟还不确信自己能否成功，且正经历着改行初期的艰难。幸而不久后，便接到了一笔来自新加坡的订单——200箱番茄。于他的家庭和事业而言，这一笔小小的订单意味着全新的开始，于是他丝毫不敢放松，接连着几日熬夜，带着工人们对每一颗番茄都进行了仔细检测，并在这过程中定下了超过行规标准的高要求：但凡表皮有些许瑕疵都必须要直接舍弃。虽然这样做的成本很高，也免不了会有工人私下抱怨，但在整个行业都还处于粗放发展的年代，张梦蛟坚信，只有这种精挑细选的品质感，才可以让“祯祥食品”脱颖而出。

事实正是如此，祯祥坚持追求高品质，所以迅速积攒下了东南亚新马泰三国的客户，赢得了企业发展的第一桶金。此后，生意顺遂起来，越做越大，到1970年，跑在台湾南北二路上，专供外销的蔬果冷藏货柜车中，有七成比例属于“祯祥”。至此，“祯祥”已成为台湾生鲜蔬果外销的龙头招牌。

完成了资金储备的张梦蛟，这时开始了在故乡嘉义置地建厂。迅速地，厂房、仓储、办公楼在万里土地上轰然崛起，同时，祯祥产品的市场占有率也持续提高。对整个企业而言，这是再好不过的时期，一切平稳而强健。但张梦蛟并不满足于此。

寻找机会进入日本市场

很快，他将目光瞄准了有“全球食品业圣杯”之称的日本。

食品行业有共识，日本对外来进口的品质有着严苛要求，故有“圣杯”之称。“换言之，只要能攻下日本市场，再打进全球任何市场就都不是什么难事”，对于日本市场的重要性，张梦蛟的小儿子——祯祥食品第二代接班人之一的张晁祥如此解释。

面对难度如此之高的日本市场，当时众人都心怀忐忑，但张梦蛟却信心十足。他首先重拾了自己在台南市初级商业职业学校所学的日语；接着，他只身前往日本寻找客户。起初并不是很顺利，不知道从何处入手，也许是别无他法，也许是计划之中，某日，他突然就在街头换来一把零钱，倚靠在一旁的电话亭里，翻开电话簿就打起了 COLD CALL。

这件事一直令祯祥上下佩服，在他们眼中，这就是张梦蛟一直以来拥有的魄力和勇气，总是能以一种看似“笨拙”确能以孤注一掷的方式开辟新的局面。这种行为方式也仿佛刻进了“祯祥”的骨子里，在后来的掌舵者身上也屡次复现，成为企业命脉里默然无声却又强劲有力的节拍。

很快，凭借着高品质、严要求，以及精确的出货服务，张梦蛟以极短的时间在日本积累了丰沛的客户人脉。一传十，十传百，祯祥再次在这场颇具冒险的“日本攻坚战”中如愿以偿地拿下了自己的“城池”。而这次冒险，也使得祯祥的业务版图从东南亚扩展到了难度系数顶尖的日本，完成了一场高空转体般的华丽跳跃。

建厂攻土，经营了十年的祯祥食品，迈入了第二次高速发展期。孤注一掷地冒险，再次摘取了胜利的果实。但“攻城占地”，这些都只是成功的第一步，紧随而来的，往往是挤占了所有个人时间的马不停蹄、日夜奔波。

创一代的良好习惯：随时记笔记，定期复盘

这种奔波体现在张梦蛟日常生活的方方面面。据主要负责企业内部管理的二女儿张绣琦回忆，在那个计算机还未被普遍使用的年代，为安排行程，张梦蛟的办公桌上一直用玻璃压着一张纸：字迹密密麻麻，内容包括开会、接洽、调研，时间安排从早到晚毫无空隙。而放在一旁，成摞堆积的，用以工作记录和总结的笔记本更是证明了张梦蛟的奋进。

张梦蛟爱做笔记这一点，老员工张尚宽也在回忆中提到，当年同去日本拜访期间，所有的洽谈要点都会被他详尽记录，会议结束后还总要与客户当面确认。待第二日去影印时，字迹却又是全部重新誊抄过的。“这意味着，我们回酒店倒头就睡后，他还在奋力工作”，张尚宽说。

这种不辞劳苦、善于总结的习惯，在当时年幼的外孙庄焕平脑中也烙下了深刻的印记：“每到节假日，他都会把每周的笔记重新誊写，等于是做会诊，跟家里面人谈话也会记录和誊写。”

这些笔记如今定格于台湾嘉义朴子运营总部的创办人纪念馆中，而背后的创想、气魄、勤奋、严谨等所有与孤注一掷相匹配的精神，都通过祯祥这个家族企业，继续传承下去。

创二代的传承：兄弟同心，其利断金

第一位继承者，便是祯祥食品第一代领导中的二把手，张宏泰。

他是张梦蛟的胞弟，小了张梦蛟 14 岁，在 1959 年祯祥创办时便跟着哥哥参与企业的各项事务，是第一个在张梦蛟身边耳濡目染、逐渐成长起来的继承者。据《家和万事兴：祯祥走过一甲子》书中记载，“张宏泰对哥哥的言传身教绝对没有二话，保持着那个年代‘长兄如父’的传统伦理价值观。”

虽然接受过哥哥手把手的教导，但张宏泰与兄长性格相差很大，在很多人的叙述中，他好交朋友，待人亲切，擅长与人沟通，无论是员工、供应商或是客户、同行，都能很快与对方熟络。曾经的生意伙伴，现高龄已逾九十的彭金木回忆起张宏泰时，依旧夸赞有加。彭金木时为日企驻台的采购代理商，他称张宏泰为“绝对能让人信赖的好朋友”。在他记忆中，两人虽年龄上相差很多，却一直以兄弟相称，是难能可贵的忘年交。“和张宏泰做生意，一定不会吃亏，即使价钱上不一定更优惠，但我一定优先和他下订单。”

张宏泰这种性格，使其在祯祥的发展中与张梦蛟互补，在企业内部的管理和凝聚力上发挥着重大的作用，成为张梦蛟最为得力的左右手。

漂洋过海寻商机，开疆辟土定苏州

除了在公司初期立下的这些汗马功劳，张宏泰主要的贡献还有另一项：为祯祥开辟了新的疆土——苏州。

这是祯祥家族史上，另一个孤注一掷到震人心魄的故事。

故事的开头很简单，1994 年，作为“亚洲四小龙”之一的台湾经济已经腾飞，

祯祥食品在苏州耕耘 27 年后重新规划的商业蓝图

人工和原料等制造成本不断攀升，超出了很多企业的负荷。和大批食品制造业的同行一样，祯祥急需寻找新的原材料和劳动力供应市场。

那时，大陆离成为“世界工厂”还有一段时间，不过亚洲范围内的廉价劳动力已经开始转移。和大批台商的做法相似，祯祥下定决心要去人力和原料价格都更便宜的大陆开疆辟土。

此时，不同于人们的想象，外表虽看似亲和宽厚的张宏泰，骨子里那种和哥哥张梦蛟一样的“狠”劲开始显露。在接到张梦蛟的指令后，张宏泰咬咬牙，提着一只箱子，带着一名员工，和当年的哥哥一样，只身前往了一片全新的土壤。

那时候的大陆，距 1992 年的邓小平南方谈话刚过去两年，沿海经济仍处于发展初期，一切都处于一种万象更新又等待苏醒的状态。后来享誉全国的经济开发区，当时还只是满园子荒烟蔓草。据同去的员工回忆说：“大陆用于民生的轻工业已然开始解除束缚，但相比于轻工业已经较为发达的台湾而言，条件不可谓不艰苦。”“卫生纸等是基本生活用品，都需要从台湾带过去。”

但张宏泰顾不得那么多，一到大陆，就开始选址建厂。自南往北，从台湾最近的福建开始，他一路奔波于大陆上万公里的海岸线之间，经过几番斟酌，他放弃了当时台商聚集的山东，反复在浙江、江苏两省中甄选。他反复衡量的因素包括：厂址附近是否有稳定的蔬菜供应基地，是否临近国际级的港口，是否有便捷的交通运输。最终，张宏泰在太仓和苏州两地间做着最后的考量。

当时沿海区域已经广泛地对台招商，太仓和苏州都不例外，给予了很多优惠政策，但阴差阳错，本是先属意太仓的张宏泰，在苏州干部“大力支持”的承诺下，最终拍板落地苏州。如今，张宏泰所选的厂址已发展为苏州的市中心，离苏州火车站、平江路等地均只有十几分钟车程，加之处于沪宁及苏杭高速路的交会点，交通便利得让人不得不叹服他当年的长远目光。

为企业千里奔波，积劳成疾出意外

故事仍在继续。“扎营筑寨”后，张宏泰孤注一掷的“狠”劲愈发彰显。到1996年，经过两年时间，苏州厂落地完工。为保证订单量，张宏泰几乎没有任何休息，便开始拜访大量的客户，高强度地穿梭于大陆、台湾，以及国外的日本之间。订单纷至沓来，苏州厂营运开门红，但张宏泰却积劳成疾。

一切都戛然而止在某次日本探访期间。那是张宏泰计划回台的前一晚，在日本的酒店里，长期的辛劳转变成了突然爆发的脑溢血，他轰然倒卧在酒店房间里，至此再也未曾站起。一周后，时年 53 岁的张宏泰在日本溘然长逝。

他的故事就此终结于异土他乡。这时，人们才真正发现，这个看似“宽厚”的继承者，实则比他的哥哥还更加“执拗”，在孤注一掷的路上，他比哥哥走得更远，远到甚至献上了自己的生命。

张宏泰的英年早逝成为张梦蛟乃至整个家族的隐痛，张梦蛟临终时仍旧屡屡提起这位胞弟，而当时只有 25 岁的庄焕平也和其他家族成员一样，清楚知晓了苏州祯祥沉甸甸的分量——它的发展历史之中不仅饱含着众人的血与汗，还铭刻着一位亲人的宝贵生命。

创三代：“家族救火员”的成长与修炼

张宏泰病逝那一年，庄焕平还是个毛头小伙。

那是他服务完兵役后，工作的第三年，整日都在营业所与基层客户打交道。用他自己的话来说，1997 年前后，是他一生中“辛苦而甜蜜”的时光。

当时，他每日开着卡车穿梭于南台湾。早上，装好货物，塞满卡车后，他就去往四处的小超市和餐厅。到了客户门口，他轻快地跳下驾驶舱，打开后门，卸货，补货，一通忙碌，几句闲谈后，他又驾车去往下一处。整个过程，他都会留心是否有可以发展的客户。

于他而言，顶着 “销售”头衔的工作，实则就是开着卡车“扫街”：在一个个店铺之间进出，然后跟各种人开开玩笑，打打交道。至于售货，往往都是“先聊聊，然后告诉对方，我货挺好，你要不要看看？”往往，对方也都会应允，如果成色满意，当面就可以完成交易，假如关系维护得好，建立的供求关系就会继续。一切看似都

进入祯祥 30 年，当年的青涩小毛头已经转变成成熟的壮年

简单有趣，轻松愉快。但这却慢慢锻炼起庄焕平与各色人打交道的能力。

几年之后，曾经“不太会说话”的庄焕平，已经掌握了顺利融入市井的诀窍——“嘴巴要甜”。他举例说，“一些妈妈级的，我就会开玩笑叫丈母娘之类的”。此时的他，已从青年走向壮年，也从一个口舌稍显笨拙的人变为一个生活经验丰富、颇为健谈的人。

这段经历还为他之后的事业发展打下了牢固的基础。此后，他成为高雄营业所的主管，又晋升为整个台湾市场营业部的主管，还负责过人力资源，专管过采购，加上 1990 年初期做过的会计、仓库管理员、送货小弟（销售助理）等多种岗位，庄焕平一度认为自己就是“祯祥”的救火员，哪里着火就被派往哪里。

这到底是第二代掌舵者张晁祯和张晁祥的有意为之，还是真的就是“自己人好说话”？面对权威的舅舅们，庄焕平从未想过考证，他只是记得，于年轻时的他而言，

员工团建，强健体魄，增进情感

与盒马合作，共创未来

每一次轮换，都是从头开始的辛苦。

这种辛苦的回报，直到逐渐成为掌管者后，他才慢慢发现，“无论什么岗位，我都能跟员工深入交谈，也总能从更宏观的角度去提出意见”。不同岗位上累积的经验让庄焕平可以纵向地深入分析，而全线地轮岗，又能让他跳出固有岗位的条条框框，以更广阔的横向视角去看待问题。此时的庄焕平开始感激曾经“家族救火员”的身份，但内心深处他还是希望自己不要再被任意调遣。

临危受命挑重任，15 年里显担当

但万事不尽如人所愿，2007 年 7 月的某个清晨，他又收到了一封邮件，内容依旧有关调动，而这一次，调动的地方甚至更远——海峡对面的大陆，叔公张宏泰曾经付出了无尽心血的苏州。

这次调动，缘由是 2008 年大陆开始推行新劳动法。邮件里告知，他需要到苏州厂去协助规章制度的管理和完善，任期一月。走马上任，忙忙碌碌之间，一月很快过去，却没想到，任期又改为一年，再接着，15 年就这么过去了。

这 15 年，庄焕平和苏州祯祥一起经历和见证了大陆食品业的巨大变迁。

2007 年是庄焕平刚到大陆第一年。那时，大陆食品业还主要以农副食品原料的粗加工为主，精细加工的技术程度很低，同质化严重，利润空间很小。“行业内流传着中国台湾学日本，大陆学台湾，先进者与后来者相差 5 至 10 年的说法”，他回忆道。然而，15 年后，一切都翻天覆地了，“现今台湾和大陆的技术差异几乎已经不存在了，只是细节执行上的一些差别”，庄焕平谈道。

大陆老百姓对食品业变化的强烈感知，似乎都从 2008 年 9 月轰动全国的三聚氰胺事件开始。沸沸扬扬的舆论，将食品业的安全问题推至人们眼前，大量的媒体报道揭露了当时大陆食品业的整体落后，包括不够健全的法律法规和监管制度。

在庄焕平的回忆中，当时，一直坚持食品安全的祯祥，在竞争中优势非常明显，也继续稳扎稳打地进行着外销、品牌自营以及代工三项业务。

大陆本土品牌崛起、外销受阻倒逼企业战略转型

不过，在一切顺利的背后，台湾和大陆之间更大的变化却在悄然发生：前者经济逐渐衰落，而后者经济逐渐崛起。2001 年，台湾 GDP 达到 2900 多亿美元，而整个大陆只有 1.3 万亿美元，占比达 22%；到 2008 年时，大陆 GDP 到了 4.3 万亿元，而台湾只有 3900 亿美元，占比已下降到 8%。接下来的 10 年，大陆经济更加快速地发展着，在 2010 年 GDP 首次超过日本后，至今都居于世界第二大经济体的位置。

目前，大陆的食品业不仅达到了世界先进水平，也形成了完整的产业链，而且集群优势逐渐彰显。庄焕平所面临的时代局面与当年自己的长辈们创业时已然完全

不同了。“我们现在面临的竞争对手主要还是大陆一些有高新技术的品牌，他们可以说是跳跃式地发展。台湾企业说好听点是‘稳健’，但对手已经迈开步伐了”，对当下的情况，庄焕平微皱着眉头如此总结道。

他没有明确指出祯祥的竞争对手，但作为大陆普通的消费者，只要一打开冰箱的冷冻层，就能发现，铺满的多是思念、三全等本土快速发展的食品品牌。在网络上，这两家企业的自我介绍都着重突出了“拥有省级或国家级的企业技术中心”这一点，三全还强调了自己的博士后科研工作站。

曾经以“注重食品安全和质量”为优势的台企，在大陆食品工业发展起来之后，面临巨鳄般的竞争对手，原有的优势变得微弱了。

同时，随着时代更替，对祯祥而言，曾经一度红火的外销生意，也越发艰难。首先是汇率的变化，人民币升值使得利润变小，同时大陆曾经低廉的原料和劳动力成本也不断上涨，加之 2011 年在欧洲暴发的毒蔬菜事件使得出口难度增加，于祯祥而言，外销转内销的战略显得更为急迫。

外销优势不复存在，内销对手强大无比，庄焕平时常感到危机四伏，觉得自己就是一头困兽，而且是每天走在钢索上那种。

放弃品牌自营，以连锁餐饮代工建规模优势

时局更替，传统优势不复存在，他被逼到另一重不得不孤注一掷的困境，犹如当年张梦蛟不得不前往高雄，张宏泰不得不开辟苏州工厂一般，到 2017 年，庄焕平不得不孤注一掷地调整苏州祯祥的整个战略方向。

这一年，在内销的策略上，庄焕平经过了几番尝试和挣扎，通过对“品牌自营”

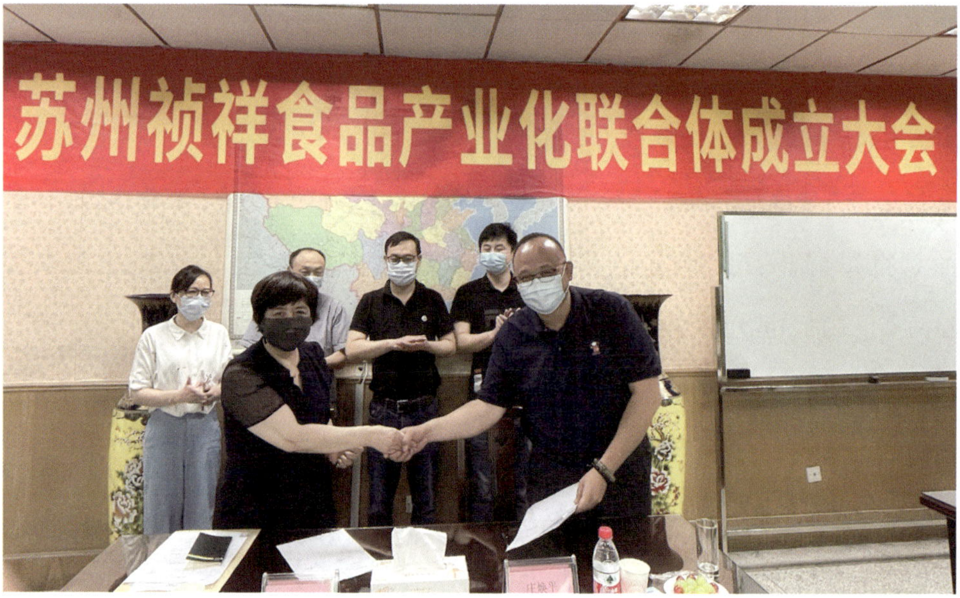

成立产业化联合体，谋求新发展

和“连锁餐饮代工”两块业务的客观分析后，他果断地选择放弃了“品牌自营”这块业务。

他冷静地分析：面临强大的对手，祯祥走品牌自营的广告成本远远不够，加之价格处于中端和大陆市场体量的巨大，让祯祥在台湾屡获成功的口碑传播也难以在大陆复制。相反，祯祥轻量化的经营，细腻的管理，一直以来对食品质量的重视，反而都在连锁餐饮代工领域拥有强大竞争力。所以，不如孤注一掷，彻底舍弃不温不火的“品牌自营”业务，集中精力做连锁餐饮代工。

对于庄焕平而言，这种意识的形成并非一两天。其实在踏上大陆不久后，他就认识到：苏州祯祥要有一套完全不同于台湾祯祥的打法。

“早期曾接到一个单子，对方董事长说先做点小量试试，随手接过纸条却发现

承担社会责任，向需要帮扶的机构捐献物资

是 60 万粒，在台湾接到 5 万粒就是大单了”，庄焕平以此为例解释了不同的市场体量所对应的不同需求。

驻扎大陆的 15 年，这种例子比比皆是，让他更加确认自己对大陆市场的认知。终于，接手苏州祯祥后，他开始了大刀阔斧地改革。

如果说撤掉苏州祯祥品牌自营业务是一步大棋，那么专注自动化和高新技术的研发，是庄焕平的另一手棋。近年，苏州祯祥每年五六百万元的投入均在自动化的升级和研发上，在他看来，这是其提高产能和环保标准的关键一步。

同时，祯祥也未曾放弃外销业务，随着世界劳动力市场朝东南亚迁移，祯祥目前已在越南建厂，决意将苏州祯祥手工产品通过越南投入至东南亚市场与美加市场。

最初这套“拳法”看似风险不小，尤其是停掉品牌自营业务，全力以赴地专注于“连锁餐饮代工”这一决策，仿佛是当年外公张梦蛟和叔公张宏泰孤注一掷的精神复现。但务实的祯祥始终是幸运的，庄焕平也如同他的长辈们一样，收获了自己孤注一掷的改革胜利。

在他进行业务调整后，接管前营业额一直稳定维持在八九千万元的苏州祯祥开始了连级跳，目前已经近 4 亿元，最高的时候，营业额增长率达到 230%。同时，也完成了苏州祯祥的历史任务，在充满暗礁的“外销转内销”航道上，绕过众多翻船的企业残骸，成功完成了祯祥外销转内销的布局，由原本 90:10 的比例调整为 10:90。

如今，大百胜饮集团下的肯德基、东方既白、必胜客、小肥羊，包括新晋的盒马鲜生及瑞幸咖啡等连锁餐饮企业，都是祯祥稳定的合作伙伴。无论清明、中秋还是腊八，人们总能在盒马鲜生的货架上找到祯祥代工的几大网红食品——“青团”“鲜肉月饼”和“八宝饭”。

读书带来的思维转变

虽然企业已经有了跳跃式的发展，营业额已经从曾经的八九千万元提升至四个亿，但庄焕平仍然不够满意，他坦言，自己现在的目标是五个亿。“这是去台湾中山和同济合办的 CS-EMBA，眼界大开之后，思维得到转变”（的结果），他解释道，“曾经在台湾接触到的想法总是要‘稳健’，但班上的同学很多都有一股‘狠’和‘赶’，让我也受到影响，在做一些决策时变得更加大胆”。

这段同济 EMBA 的学习经历，除了让庄焕平的见识“破圈”，也提供给了他实打实的管理知识。他声称 “从小不爱读书，阴差阳错读了同济 EMBA，刚开始面临

盒马 CEO 侯勇参访祯祥

写论文等困难，觉得去读书这个决定会让我遗憾终生，但读了之后才发现，如果没去的话，一定会终生遗憾”，此前显得颇为忧虑的庄焕平此时终于露出了笑容，但仍保持着那份独属于他的憨厚。

为家族使命，甘做苦行僧

这种憨厚，源自他自称的“不够聪明伶俐”，在人生路上，却又一直帮助他谦恭地学习着，朴拙地坚持着。驻守大陆 15 年，他一年回台 4 次，每日从早到晚几乎全副身心地扑在了“祯祥”这个家族事业之上。问及他觉得这样的人生是否值得，庄焕平略带无奈和调侃，却毫不犹豫地回答“不值得”。沉默之后又补充了一句：“家族的使命在那里，不进则退，我总不能让它搞砸在我手里吧。”

他还想起一件事，年轻时服兵役，自己还挺瘦，但将军却挑他去开车，就是看重他的坚持。他也喜欢自己朋友圈的头图，那是一片红色的沙漠，一个苦行僧正在独行。“改革的道路是孤独的，路虽远，不行不至”，庄焕平喃喃说道。他眺望远方的眼神仿佛已穿过历史，于深处，和家族的长辈们重合了。

黄永超：创业者，永远在路上

PROFILE

黄永超

同济－曼海姆 EMBA 项目 2020 届学员

上海威蓝汽车科技有限公司创始人兼 CEO

上海市车联网协会理事

上海工程技术大学客座导师

上海应用技术大学客座导师

引言

黄永超是同济-曼海姆EMBA项目的毕业生。该项目成立于2010年，是国内唯一的由中德两国顶尖商学院共同颁发学位的EMBA项目。项目强调鲜明的中德元素融合，专注于中德两国的经验。针对中德企业管理上的挑战，为在亚洲和欧洲的职业经理人提供管理培训。项目的学员有一半是外国学员，大部分是来自德国或德企。中国学员基本和永超一样，要么具有德国留学背景，要么也是在德企工作。

和他的同学相比，永超在年龄上虽不算年长，但是论生活的阅历和职业经历，他算是能“折腾”的人，用他自己的话说，“一直在路上”。

这可能跟他年少时的经历有关。小时候，黄永超跟随父亲的部队驻守在沂蒙山，生活虽然艰苦，但是给了他自主感受世界的空间。即使是偶遇的路人，尽管他不太听得懂对方的方言，但是也能从对方的眼睛里感受到友善。心理学家们常说，幸福的童年可以治愈人的一生。永超深以为然，大山给了他奔跑的自由，也让他未经世事时就对人群建立了最初的信任。

永超总是对一眼能看到边的生活充满了抗拒，大三时不想像大多数同学那样按部就班地就业，所以选择出国留学。在德国研究生毕业的时候，本可以在那里的研究所安静地做科研，然而他又选择回国面对广阔天地：先是在同济大学工作了三年，然后加入了上汽集团，最后选择了自主创业。也许是儿时的经历对他的影响，他一直喜欢这种“在路上”的感觉，对于他来说，想去的每一个地方，风景从来不是在终点，而是在路上。而选择创业，则是选择了那条最长的路。

纵观永超的职业经历，有两点可以为同龄和同路人提供一些参考。

其一，作为创业者，永超对不确定性的耐受能力要远远高于普通人。其实，创业最显著的特点就是未来的不确定性，创业的过程就是在这些不确定性中找到确定性。面对不确定性，普通人的应对策略，往往是回到熟悉的世界里，从中找回安全感。但是永超每一次都选择逃离庸常和确定，拥抱变化和不确定性。从人类的本性来讲，大部分人都是风险厌恶者，而对抗不确定性几乎是人类社会永恒的命题。但是要想浪里淘金，获得风险溢价，恐怕要学习创业者们应对不确定性的乐观与开放。

其二，永超创业的契机源于上汽集团对企业内部创业的鼓励和扶持，他的经历可以被当成大公司内部创业的案例来分析和学习。哈佛大学知名学者克里斯坦森在《创新者的窘境》一书里曾经分析过大企业为什么会失败。像诺基亚和柯达这样跌落神坛的“前行业标杆”的名单在不断扩大，汽车领域也不能幸免。以中国市场为例，新能源汽车的领军势力均不是传统大型车企，像比亚迪、蔚来、小鹏等行业新贵带来的变革是颠覆式的。

造车新势力给传统车企带来的压力不仅是汹涌的创新激情，还有这种创新激情下这些新势力对年轻人的吸引力。这些年，新能源车企高薪挖角造成传统车企大量人才流失。按照克里斯坦森的观点，大企业的创新从来就不是主动之举，只是应对市场竞争的被动反应罢了。很多有远见和具有变革精神的企业会未雨绸缪，像微信团队，谷歌 Google X 的颠覆式创新实验都是成功的案例。上汽提供给永超的内部创新的实验或许也会给尚在大企业围城中的朋友提供一个可参考的样本。

一切无心插柳，其实都是水到渠成

许巍在一首歌中唱道，“生活不止眼前的苟且，还有诗和远方的田野”，这句歌词一直很受年轻人的欢迎。高考那一年，黄永超选择了离家很远的秦皇岛去读书。跟小时候一样，他喜欢那种在路上的感觉，离家远了，路才长。

20 世纪末正是国内互联网创业风起云涌之际，北大的“大话西游”、清华的“水木清华”等，这些在今天看来土得掉渣的 BBS 论坛，以及不为人知的 MUD 游戏（Multiple User Domain，多用户虚拟空间游戏）突然成为一股引领大学生创业的飓风，席卷了多个校园。躲在海滨小城的黄永超并未在意这些潮流涌动，还沉浸在图书馆里体验“书中自有黄金屋”的快乐。但是，一次偶然的访友改变了他的人生轨迹。

那一年，跟所有大学生走访同学顺便旅游一样，黄永超到北大去拜访师兄，师兄与另一位友人租住在清华南门外的老旧小区，黄永超借住在那位友人的下铺。陌生人初遇，尴尬地沉默后，那位友人忽然俯下身子问了黄永超一句：“你知道创业吗？”未等到回答，他又追着问了一句：“你知道融资吗？”

时至今日，黄永超依然记得那位友人灿烂而又自信的笑容，也依然记得自己如遇雷击、大脑一片空白的感觉。整个晚上，几乎就是那位友人在讲，黄永超在听，听的仿佛就是另外一个世界的故事。北大的师兄说，不要听他的，好好读你的书，不要被他带坏。但是来不及了，那位友人讲的创业故事仿佛一颗石子打破了深潭的宁静，即便是恢复如初，深潭已不再是那个深潭。黄永超像被施了魔法一样，内心蛰伏的创业激情一下子被点燃了，他再也没有办法回到之前安静读书的状态。一切看似无心插柳，但其实都是水到渠成。回到学校以后，他马上寻找到两个商机。

初尝商业胜果，怎料想竹篮打水一场空

永超就读的燕山大学，学生规模大概有两万多人。对于学生而言，书籍和自行车是刚需。由于大学图书馆藏书不足，很多书学生只能自行购买。一方面，按市场价买书，对学生来说是个不小的负担；另一方面，很多出版社和批发商手中积压了大量图书，为了减轻库存的压力，他们通常会将书籍按重量低价抛售。黄永超意识到地域差与信息差是商业利润的来源，便找到一些出版社与大的批发商，挑选出适合大学生口味的书籍，按重量低价购入，再将这些图书依照特价书的方式推送到大学校园。图书买卖让永超初尝商业的甜蜜，很快他就瞄上了代理自行车的生意。

当时学校新建了一个校区，学生在新旧校区之间穿梭没有自行车非常不方便，二手自行车的买卖趁势兴起。经过市场调研，他发现新车和二手车之间差价不大，虽然学生收入低，对价格敏感，但是他判断如果可以找到靠谱的厂家，把车价控制在学生可以接受的范围内，生意还是有空间的。他找到了天津飞鸽自行车的代工厂，预定了一批两百元左右的自行车，并与代工厂谈定销售折扣后，直接在校园内提供订车服务。为了扩大生意，他还根据校区与宿舍的划分建立了分销商体系，不久生意就扩展到了相邻的高校，一度垄断了周边几个高校的自行车市场。

很多年之后，黄永超的爱人（大学校友）时常打趣地说起那段经历，好歹咱也曾经是校园里最大的图书与自行车贸易商，也曾经“阔”过。

两次小试牛刀成功之后，黄永超拥有了自己的客户群体，他敏锐地意识到这些客户的共同需求就是他的下一个利润点。他将目光放到了方兴未艾的手机市场。那时官方渠道销售的手机价格昂贵，零散的水货手机渠道受限。黄永超跑到了天津塘沽港，寻找新的进货渠道。经过几次小量的试水后，需求出现了爆发式的增长，他

干脆将自己之前积累的资金全部投入了下去，大批量进了一些手机。遗憾的是这批手机最终出现了质量问题，全部滞压在手，赔光了所有本金，还欠了一笔债。这段经历让他刻骨铭心，缺少风险管理的意识是手机生意留给黄永超的最深刻教训，以至于多年后他再次创业，总把风控放在第一位。

那似乎就是一个蠢蠢欲动的年代，经历动荡的不止黄永超一人。因为经商，他认识了很多校园周边的创业者，有一心要做电子商务的图书商人，有要把海边别墅卖给全中国的房产中介，有倒腾各种药品要打造贸易帝国的药贩子。短短两年之内，眼见他们起高楼、宴宾客，眼见他们团队分崩离析、各奔东西。大多数人都是想好了怎么开始，却没有想好怎么结束，跟当时在大学生中流行的电影《大话西游》里紫霞仙子的总结一样，规划了开始，却未料到结局。永超第一次意识到商业的成功带有极强的偶然性，激情和梦想也许只是原动力，但是时机把握和定力可能更为重要。

校园经商让他比同龄人多了社会阅历，浮沉的经历让他觉得自己多了几分浮躁。复盘自己校园生意的得失，他发现自己还是资历浅，缺少远见和定力，容易受他人观点与情绪左右。临渊羡鱼，不若退而结网，也许他需要静下心来读书，拓宽一下自己的眼界和视野。2003 年带着困惑与迷茫，黄永超远赴德国，踏上了他的放逐和修行之旅。

求学欧洲，探寻技术研发的源头

为什么会选择德国？永超仔细想了想，回答说主要是两个原因。一是大学经商的经历让他看到了中国当初主流的“贸工技”的商业模式的局限和弊端。（“贸”指贸易；“工”指加工、生产；“技”指技术，即研发创新。“贸工技”和“技工贸”

的区别在于“销售”与“技术”在一个企业中哪个该处于优先位置。两条路线的翘楚分别为“贸工技”的联想，和“技工贸”的华为。）回顾当初，永超说无论是自己小打小闹的生意还是当时中国社会主流的商业模式几乎都是“中间商赚差价”，依赖中国庞大的内需市场，大部分企业都想走“贸工技的捷径”，甚至很多人长期停留在“代理商”“渠道商”的阶段，守着短期利润却无意愿沿着价值链的上下游延伸，争取更多的价值自主权和更大利润空间。只有任正非这样的有远见的企业家们才愿意啃硬骨头，把技术研发放在企业的第一位。这也是为什么改革开放四十多年后，在关键技术领域，我们每每会面对 “卡脖子”的难题。永超谦虚地说自己不是先知先觉，只是朦胧地意识到，简单地做个中间商可以挣一点钱，但是核心能力缺失、竞争门槛太低。个人也好，企业也罢，如果只做那些自己感兴趣的简单的事情，本质上是一种逃避。所以他想到那些重视研发的国家看一看。

选择德国的第二个原因是来自父亲的影响。父亲退伍之前是部队的指导员，出于工作的需要，父亲购买了大量马克思、费尔巴哈等人的书籍。哲学观点认为，评判一个人的思想，主要看他抽象思维的能力。一个盛产抽象思维哲学大家的国度，让永超对德国充满了向往。

出国留学之前，永超和很多人一样抱有“中国人擅长数理化”的心理，但是当看着德国同学在黑板上用电磁基础方程完整地推导出“麦克斯韦方程”的时候，他叹为观止。德国大学严谨扎实的学习风气和技术功底让他从此不敢再自诩精通数学，也让他明白了德国盛产“隐形冠军”的奥秘。他还时常想起在马克斯 · 普朗克研究所短暂的科研时光，用他自己的话来讲，那一年不仅是他这辈子最纯粹的科研时光，更重要的是，几乎后来工作中所使用的方法论大多数来自那一年的实践。

研究所对他工作所提的要求是“可以试错，专注微小的点，不要迷信那些发表的成果”等，这些观念对他后来的思想构成了极大的冲击。他自己常常开玩笑地说，明明干的是科研，却完全是一次毛泽东思想的论证，“大胆假设，小心求证”“打得一拳去，免得百拳来”“真理往往掌握在少数人手里”等。曾经那些纸上空洞的哲学词汇在实践中发出熠熠光彩，以至于很多年以后，他的枕边依然放着一本黑格尔的《小逻辑》。

在研究所期间，永超主要从事有限元数据的分析与建模工作，参与了巴斯夫公司支撑的色谱分离设备的开发与旋光仪的设计。让他感到颇为骄傲的一件事是自己利用业余时间还原了一批研究所内发表文献所采用的试验数据，在基于试验数据进行数学建模的过程中发现了已发表文献的错漏，最终马普所撤回了已经发表的文章，采用黄永超提供的新的数学模型。其严谨求实的研究精神与勤奋的工作态度深得同事们喜爱，也为他争取到了回国就职的工作机会。2010 年，同济大学教授去所内交流时，希望所内推荐合适的科研人员参与中国热火朝天的燃料电池研发事业，研究所推荐了黄永超。

家庭成沙龙，往来谈笑交友多

留学生活的另一收获是他在德国结识了一群来自天南海北的朋友，很多人兜兜转转，峰回路转般地在后来创业历程中不断出现，成为扶持他事业发展的“贵人”。

他的宿舍是一楼，在秀丽的易北河边，窗外就是有轨电车站，沿着易北河从南到北是德国自动化研究所，弗恩霍夫研究所，马克斯普朗克研究所。每天去研究所上班，或者去大学读书的中国留学生来来往往，路过他的窗外。永超是个爱热闹的

留学期间与爱人的合影

人，一来二去，他的宿舍成了大家的聚集地，读书做题讨论、看球喝酒聚餐……很多人会因为路过，听到屋内的欢声笑语临时加入，很多人会搬着一箱啤酒来存酒定位，甚至很多陌生的同学有困难求助时干脆直接上门，他的家几乎成了留学生的“精神故乡“。

他爱人经常会跟他抱怨，担心这样会影响他的学业。但实际上恰恰相反，留学生们茶余饭后对不同专业课程的讨论，帮助黄永超完成了一门门课程的辅修。正是这样的交往，让他最大限度地开阔了眼界。后来在 EMBA 的课堂上，听到创业学的老师说，创业者要有 networking 的能力，永超暗喜，感恩自己这方面的机缘竟然与理论如此契合。无论是在国内读书，还是在国外留学，包括回国工作和创业期间，永超都非常享受和人交往的过程。因为现代教育的专业设置形成的知识壁垒，使得

留学期间导演话剧演出

某个专业看似陈词滥调的东西对于另一个专业的人来说可能就是真知灼见。所以永超非常珍视一路结识的友爱亲朋，也感恩一场场毫无功利的走心交流，他们不仅提高了他对于跨学科能力的理解，也丰富了他的生命内涵，很多人也在他后来的工作和创业中成为互帮互助的至交伙伴。

名校光环加持，理论照进现实

彼时的同济大学新能源汽车工程中心是全中国最负盛名的高校汽车研究所。这个由万钢教授一手建立的研究所是国家级新能源汽车和燃料电池汽车工程中心，不仅是国家重大科研项目实施的牵头单位，还汇集了全球新能源与燃料电池汽车领域的一流专家。全球参与过燃料电池类项目开发的海外华人科学家大半集聚在这里，很多日后声名鹊起的青年专家学者那时初出茅庐，未露峥嵘。同科室的细节论证、项目实践的日夜相伴、技术方案的大范围讨论让黄永超几乎在最短的时间内完成了新能源汽车从理论到实践的训练。

工程中心承接了众多国家“863”与“973”项目，由工程中心设计集成的燃料电池系统更是在上汽旗下的大众桑塔纳、帕萨特等多个车型上进行应用，是国内最早参与乘用车燃料电池系统与零部件开发的团队。黄永超所在的燃料电池系统集成部承担着重要的工程设计与工程集成工作，他亲身参与了将化学系统与钢铁汽车进行集成的工程实践，也是他从一个理论开发者向一个工程开发者的转型。

经过三年的实践，系统的科研并未降低黄永超对汽车产业的好奇，如此庞大纷杂的产业拥有着无数的奥秘，也蕴藏着巨大的机遇。他渴望到产业的最前沿去，到能够听到产业炮火的地方去。海归专家凌天均和章桐教授推荐他加入了上汽集团前瞻技术研究部。

名企淬炼，完成管理文化的洗礼

从 1988 年上海大众建厂开始，上海汽车工业集团便一路披荆斩棘，逐年持续增长。2013 年的上汽当时尚未到达其销量规模的巅峰，但已经是中国最大的汽车工业集团。黄永超时常感叹那个时期上汽集团管理团队的豪华与管理文化的开明。

全球汽车产业公司中，如宝马、福特这样的产业巨头，拥有前瞻技术研究部门不足为奇，但是对于处在“跟随与模仿”阶段的中国汽车工业来说，舍得巨资打造前瞻技术研究部门就不得不让人佩服上汽管理层的远见和魄力。前瞻技术研究部的人员构成非常多元，既有来自福特、NASA 的海归专家、上汽工程院的元勋领导、上汽体系内第一代自主平台上海通用赛欧汽车的管理团队，也有第一批参与上汽海外并购的高管，还有一批来自军工研究所、高校、跨国零部件公司的基层经理。创业多年之后再回看那段历程，黄永超说，进入技术研发部门，与其说在搞技术研发，不如说经历了一场上汽管理文化的洗礼。

在没有从事管理工作之前，他从来没觉得管理是门科学，是上汽提升了他对管理的认知。汽车行业与一般的行业不同，它是庞大的组织结构、精密复杂的研发与生产管理体系、众多的产业链管理文化的系统组合，在这样的基础上要进行“小而精”的前瞻技术的开发，既要对未来的产品研究具有指引，又不能打乱现有产品的开发体系，这是个非常具有挑战性的行业难题。

黄永超亲身参与了管理团队将复杂缜密的整车开发体系简化提炼到前瞻开发的体系的全过程，这是一次优雅的大象转身。他目睹那些复杂的管理问题如何被领导

在上汽前瞻工作时期

们科学研究般地切割，再如何被艺术化地处理。上汽如今在燃料电池产业链、智能驾驶产业链的优势大多来自那个时期的前瞻性的投入和布局。

研发体系搭建完成之后，如何将前瞻的创新机制推广到整个上汽集团是当时上汽面临的一个重要命题。上汽集团推出了“种子基金”的开放式创新探索计划。按照上汽的构想，这个计划既要不同于传统的内部创新，例如金点子、专利奖励等措施，又要能够跟随汹涌而至的互联网造车新势力的创新浪潮。种子基金提供免费启动资金，鼓励员工进行八小时以外的科研创新，创新成果可以由集团内部收购，员工享受收购红利，或者根据产品定位，支持创新团队集团内跨公司流动，组建新部门或者快速职级升迁，解决员工职场焦虑，尽可能地将拥有创新开拓意识与能力的团队

内部孵化创业挂牌

与员工留在公司内，提升员工忠诚度。如果产品具有一定的产业价值，但并不在集团主流技术路径内，作为产业储备，可以由集团提供天使轮投资，支持员工创业，打造产业链外围生态。

再续前缘，EMBA 同道互学互助

进入上汽的第二年，黄永超和同济大学再续前缘。经朋友介绍，他参加了同济大学－曼海姆 EMBA 项目的学习，这是一个中德联合的双学位英文项目，课程设置由中德双方组合而成，学员和教师的构成也都是国际化的。他就读的班级有一半学员来自 SAP、博世、西门子等知名的跨国公司。

对于黄永超而言，没有比这个项目更能符合他的需求，量身定做一般完美契合他在中德两国的学习、科研背景。在德国留学的时候，他就知道曼海姆商学院是德国商科学习圣地，也是留学生最难申请的学校之一，很多人申请读企业管理都会收到排队一年以后的通知书。同时曼海姆也是巴斯夫公司的总部所在地，对于参与过巴斯夫科研项目的人来说，有特殊的意义。

当然回到商学院读书，也有一层心理诉求，想要解答他当时对管理的一些困惑。那时的上汽集团无疑是黄永超心目中最具现代管理理念与成功典范的汽车企业，但在前瞻技术研究部，饶是拥有着豪华的管理团队，内部的管理问题依然层出不穷。

同济 – 曼海姆 EMBA 项目上课期间与师生合影

与曼海姆商学院院长乌斯曼教授合影

曼海姆 EMBA 上课期间师生合影

他看到开明的公司文化的副产品是无休止的讨论，规范的流程体系成了创新的障碍，一个个英明的决策在实施过程中难免变形走样。带着这些困惑永超开启了与同济曼海姆 EMBA 的缘分，他结识了很多创业路上的心灵挚友。重回校园也让他重温在德国留学时天天在家里开沙龙，与伙伴们夜夜畅聊的欢乐时光。

读书的第二年，上汽集团与博世集团、罗兰贝格等管理理念先进的公司面对新的市场形势，纷纷开始进行“开放式创新”的早期实践，巧合的是，曼海姆 EMBA 项目同步开设了创新创业相关的课程，因此 EMBA 的求学历程几乎如影随形地伴随着他的创业早期，所学所得对他的商业思维进行了潜移默化的改造。如同游戏中获得了惊人的装备一样，理论加持的黄永超深思熟虑后，积极参与了上汽集团的“种子基金”的试点工作，并成为上汽集团员工创业的 001 号种子。

天时地利人和，创业适逢其会

很多上汽的老同事后来每每说起永超离开国企，创建威蓝，成为上汽唯一一家员工控股、集团参股的内部孵化的员工创业企业，实在是勇气可嘉。但是对于黄永超来说，一切都是适逢其时，自己创业之前所有的经历冥冥之中都为创业奠定了坚实的基础，为此他常常感恩于自己是命好，一路贵人相助。如果没有同济大学三年的理论熏陶与上汽集团的工程实践，他无法具备产业创业的技术基础；如果没有上汽集团开明鼓励的政策保障与领导的扶持，可能上汽内部的流程都无法突破；如果没有同济 - 曼海姆 EMBA 项目实时的课程启发以及与身边同学的交流分享，也许他确实迈不出独立创业的第一步。只是他无法说得清楚，到底哪个要素是最重要的，大雨来临的时候，谁能分辨出远方是哪只蝴蝶扇动了翅膀呢。

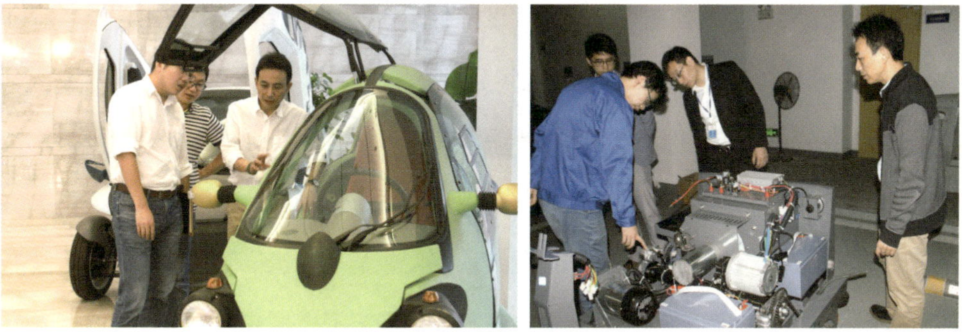

公司初创阶段

上海威蓝成立之初的战略定位是致力于新能源增程式系统的控制单元开发。当时中国的新能源汽车市场方兴未艾，从 2010 年开始的示范运行到“十城千辆”规模化推广，产业链的商业与技术尝试已经接近十年。但是产业界对于新能源汽车技术路线的争执与分歧伴随着市场的深入也越来越大，中国的电动车市场到底应该走纯电动路线还是混合动力路线，抑或是燃料电池路线，产业链企业、科研单位、地方政府各有坚持。永超最后决定以新能源增程式系统的控制单元作为公司产品的切入口，一方面是因为背后有上汽集团的技术加持，另一方面也是出于更深层次的产业

迈出产品落地第一步

考量，因为增程式系统控制可以最大程度降低车企“从油转电”的成本，降低对电池系统的依赖性，还可以最大限度扩展续驶里程。

2015 年开始，互联网造车新势力异军突起，快速带动产业的发展。蔚来与乐视等企业不约而同地选择纯电动汽车路线，纯电动系统比混合动力等其他动力系统，设计更为简单，产业链对传统汽车产业链依赖度较低，直接拉低了新能源汽车制造的入门门槛，虽然一度让整个新能源造车行业风起云涌，但在经历了三年的风光喧闹之后，伴随着量产落地的延迟与市场拓展的不理想，2018 年开始整个新能源行业悄然开始走入低谷。

胜利多因幸运，挺住才是一切！

春江水暖鸭先知，作为那只在水中的鸭子，黄永超敏锐地感受到了市场细微的变化，之前从未拖欠货款的优质客户也开始延迟付款，甚至有几家还出现了坏账。这让他想起 EMBA 项目财务课程中老师经常提及的“3C”理论，即一个公司运营中最重要的三个要素是“Cash，Cash and Cash”。“纸上得来终觉浅，绝知此事要躬行。”永超感觉行业进入下行通道的明显标志是下游客户开始成批缩减预算，并且大量延迟付款。作为一家初创企业，各方面的积累都不充分。客户的货款不能按时到账，公司很快就将面临资金链断裂的风险。加上早期融到的资金也快用完了，永超深感压力巨大。每天一睁眼就要想着公司四十多号人怎么才能养活，供应商的货款怎么按时支付，现金流管理与风控管理只能发现问题，如何解决问题才是重点。

经过对现金流科目的认真论证，黄永超剔除了那些他认为下行的项目科目，并仔细梳理了回款迅速、价格良性的客户与项目的信息。通过梳理，永超赫然发现，

向生态伙伴学习取经

有几个不引人注目的智能驾驶类客户回款都很迅速，价格也都很公道。虽然只是简单的财务信息，但是永超认为这个信息也揭示了行业调整的方向，他不得不慎重思考威蓝的战略方向的调整——是否放弃新能源动力这个方向，转战智能驾驶？团队内部进行了激烈的讨论，合伙人在会议上明确表示反对，他们认为全团队在智能驾驶领域没有任何功底与技术积累，要转战一个全新的细分市场，无异于天方夜谭。

最终黄永超坚信了自己的判断，做出了战略转型的决定。并且壮士断腕，果断裁员，缩减成本。创业初期，活着是第一要义。当然过程非常痛苦，接近四十个人的团队最终只剩下了八人，初始的合伙人出走，老客户的订单不再承接，面向新市场的战斗力还没有形成，威蓝团队陷入了创业两年多来的第一个低谷。

从来成功者接受的只有掌声，而失败者才能看到人间百态。坊间开始有了各种各样的传闻，房产抵押、倾家荡产、团队不和、业务崩盘等，很多平日里的老同事与老朋友也日渐疏离远去。但黄永超的内心却无比清醒，因为他对大学创业失败资

回馈母校，在汽车产业研修班上致辞

金链断裂的记忆刻骨铭心，同时也时刻铭记着 EMBA 创业课程中老教授的提醒。其实上课时，美国老教授不甚清晰的口音让黄永超听得有些吃力，但是有一点让黄永超受益终身：创业，无论如何都要活着，活着才有继续的资格。

“现金流比净利润重要得多，有净利润的企业可能会死掉倒闭，但有现金流的企业不会死。”这不仅是刘强东在经历了京东创业低谷之后发出的肺腑之言、无数创业者痛定思痛的结论，也是永超走过创业第一个低谷后的心声。

轻资产低成本的运作与战略转型让威蓝团队成功避过了那波新能源行业的大洗牌。同时期的同行创业者们大多数没有挺过来。据不完全统计，2019 年以前，上海安亭地区提供各类新能源汽车控制单元的小微企业超过 100 家，到了 2021 年年初，所余不足十分之一。但世间之事，有所失必有所得，仅有的熬过来的那几家企业在 2022 年新能源电动车一路狂飙之后老树逢春，再一次进入发展的快车道。看着理想汽车带领的增程式电动车大放光彩，黄永超的心里确实是五味杂陈，感叹威蓝没有赶上这一波行业发展。但和那些倒闭的企业相比，永超在后怕之余又倍感幸运，创业本就是九死一生的旅程，胜利多数是因为幸运，而挺住才是一切。

坚持“自主可控”，青出于蓝而胜于蓝

转型之后，威蓝团队在智能驾驶领域选择的切入点是智能驾驶的仿真工具软件。之所以选择做这个产品，既是对公司资源与能力评估后的战略转型，也是对经济宏观环境和产业发展趋势的研判。永超为威蓝确定的产品理念是“自主可控软件”。

“所谓的自主可控，并非一定要非此即彼地进行替代，也可以让自己在对方的生态中变得不可或缺。”这是他在内部一再宣讲并坚决实施的产品理念。威蓝放弃了传统的软件经销公司“重销售、轻研发”的运营理念，改为“重研发，多渠道”的研发型商业模式，研发人员在团队占比坚守 85% 的下限，专注于全球软件公司产品在中国地区的云端产品应用开发与关联数据产品开发，依托全球软件公司的销售渠道，向各大软件公司的全球生态蔓延，依托中国地区无人驾驶的产业先发优势，引领终端市场的产品应用。

之所以转型到软件领域，不仅是因为近几年的海外公司逐步加大了对中国的技术封锁，还因为同芯片一样，软件产业的逐步“自主可控”也已经是国家产业战略

公司近期工作场景

发展的重要组成部分。中国软件业带有很强的对外依赖性，大多数的仿真软件均是来自海外。国产软件经过多年的发展，在 CAD 等基础设计领域取得了应用上的突破，然而在 CAE 仿真领域，以及更高层级的人工智能软件与智能驾驶仿真软件领域依然没有产生实质性突破。一些软件企业依托开源技术完成了一些自主可控软件的研发，但是掣肘诸多。一来开源软件本身大多来自海外，随时面临着被封锁的危险；二来是很多软件需要用户使用与产业经验长久深入地打磨，要短期内实现进口替代绝非可能。

中国软件开发对国外的依赖与中国工业界多年“重硬轻软”紧密相关。即便当今，无论是一级市场还是二级市场对于软件公司的认可度依然不如那些“易走量、易估值”的硬件产品。对于工业开发体系来说，研发设备更像是工业开发的骨骼，而工业软件是工业开发的血液。在德国读书期间，永超就发现每一个试验都需要掌握不同的工业软件，欧美庞大的制造业背后是无数的软件产品在做支撑。所以他坚信，如果中国要从工业大国变成工业强国，工业软件是产业链中价值可期的一个环节。

确定了转型方向，如何找准企业的定位和战略突破口变得尤为重要。永超利用 EMBA 课程的间隙，虚心向自己的同学请教。同济－曼海姆 EMBA 项目中有多位校友来自全球知名软件公司，他们和黄永超分享了各自公司在细分领域成为王者的商业经验，以及产品在中国区的生态搭建。通过讨论，永超发现海外成熟软件公司的优势在于成熟的用户体系与销售渠道，但是他们也有短板，即迭代更新的速度太慢，流程复杂沉重，冗余的设计与打补丁般的功能堆叠，使得每一个定制化的需求都需要长达几个月才能完成，根本无法满足中国产业界快速发展的迭代需求。

经过近半年的分析与解构，永超逐渐明确了公司的产品定位。一个“以战养战，

团队内部战略研讨现场

统战抗战”的战术打法在他的脑海中快速成型。上天对他似乎是垂爱有加，一位马克斯普朗克研究所的老同事和德国留学期间的老朋友突然登门拜访，给他带来了与全球软件巨头合作的机会。通过老友引荐，黄永超与全球知名的软件开发商 MSC、ANSYS、海克斯康等公司快速达成了的合作意向。依托这些公司的强势产品，威蓝得以用软件代理与二次开发的模式先进入软件市场。

这个模式在公司内外都遇到了一些质疑。有人认为这样的方式似乎又回到了九二企业家创业“贸工技”的模式。有人认为黄永超的创业梦想已经堕落到了仅仅就是为了做个生意。那段时间，他和团队成员说的最多的话是，“什么是创业？创业首先是要做一个赚钱的生意，之后就是做一个能长久赚钱的生意，这就是创业。”他为公司做了两个阶段的规划。第一阶段就是融入，获得客户资源；第二阶段就是全面实施威蓝独有的“自主可控软件”的产品理念，要做到青出于蓝而胜于蓝。

积极融入阿里生态

经过两年的布局，这个战略已经获得了短期的成果。目前，上海威蓝的客户已经超过了 30 家。客户不仅包括博世、奥迪等全球产业巨头，以及吉利、广汽、上汽和长安等众多整车企业，同时也不乏理想、合众等造车新势力企业。此外，公司还获得“国家高新技术企业”与“上海市专精特新企业”资质，并且与多家全球知名的软件开发企业建立了伙伴关系和业务往来。例如，威蓝目前已经成为 MSC 公司在华唯一的云软件服务商、ANSYS 公司在智能网联领域全球的开发伙伴、博世软件中心在数字孪生的战略合作伙伴以及阿里云产品的私有化部署合作伙伴。

一切似乎都在向好的方向发展，但是永超说自己还是如履薄冰，丝毫不敢懈怠。只要智能驾驶还处于快速发展阶段，新能源汽车的江湖就不会平静，市场每一天都在变化，谁也无法预测下个月将会发生什么。创业永无止境，从无守业一说。作为创业者，要有永远在路上的心态。

周志刚：车灯里的商道

PROFILE

周志刚

同济大学 EMBA30 班学员

上海艺畅汽车配件有限公司总经理

武汉艺畅汽车配件有限公司总经理

上海青浦车灯喷漆厂厂长

上海叙施建筑科技有限公司执行董事董事长

厚德載物

引言

中国老话讲“三十年为一世而道更”，近现代中国，30年确是“道更”的标志。1919年“五四”运动到1949年中华人民共和国成立，1949年到1978年改革开放，1979年到2009年全球金融危机，大体每一时段都是30年，每30年社会运行的规则和商业逻辑都发生了翻天覆地的变化。

周志刚和父亲两代人连续创业，迄今刚好30年。30年间他们见证、参与了中国汽车行业的蓬勃发展，也经历了行业周期的起起伏伏。

创业至今，他们经历了从单一工序到多工序、从模具制造到数字化生产两次大的转型。面对每一次技术变革和客户需求的变化，企业都必须及时调整、快速应对，不然就会被淘汰出局。因此在周志刚看来，他虽然子承父业，但是他既在守业，更是在创业。

作为创二代的传承，更多的是传承父辈的创业精神。继承者既需要维持好存量市场，更需要创造新的增长。比如从汽车的发展趋势来看，新四化（电动化、智能化、网联化、共享化）是大势所趋，毫无疑问，中国电动化汽车的生产处于全球领先水平，但是智能化才是中国汽车产业链跟海外车企厮杀的重点，而在智能化上中国不占优势，芯片、软件、工具链等各方面中国都严重依赖西方的技术和工艺。长江后浪推前浪，作为继承者，周志刚认为自己有责任在中国汽车智能化的过程中完成他这一代人的使命，这也是他不顾父亲反对，坚持要顺应数智化趋势，在武汉打造智能工厂的真实原因。

两代创业人，两代企业梦

在中国的汽车照明行业，有一家人尽皆知的领军企业，名叫小糸车灯。小糸车灯创建于1989年2月，如今已有30多年历史，在全国乘用车灯具市场上的占有率达40%以上，产品在公路上随处可见。但很少有人知道，作为小糸车灯为数不多的若干家配套加工企业之一，周志刚和他的父亲已经坚守了近30年，一枚枚闪亮的车灯倾注了两代人的心血。

在上海青浦的开发区里，周志刚的企业门口挂着两行醒目的标识：上面的一行写着“上海青浦车灯喷漆厂”的字样，下面那一行则是更现代的称呼——“上海艺畅汽车配件有限公司”，大门口背后是一栋朴素方正的厂房。

两种称呼代表了两个时代，父亲的时代和他的时代。

30年来，在大浪淘沙的车灯配套行业里，周氏父子的企业始终服务于小糸车灯，基本上以每年20%的速度增长，成为自己所属细分行业里的标杆和佼佼者。那么，这家企业究竟是凭什么走到今天的呢?

对传统产业的转型之路，周志刚有着自己朴素的理解。

让我们先回到1991年。这一年，周志刚的父亲带领五六个人，承包了镇上的一家小作坊，敲敲打打地干了起来。1995年，赶上全国范围内集体企业改制转型的浪潮，完成私有化。那时候，汽车产业刚刚兴起，镇上不少小厂都生产汽车产品。周志刚父亲创办的工厂没有资深的背景，也谈不上科技含量，但凭借创业的激情、勤奋和认真，有幸成为小糸车灯的配套生产商，从事车灯喷涂。周志刚从小耳濡目染，一放假就在厂子里玩，很早就对汽车产业建立了感情。

1999年，当了3年兵退伍的周志刚进入企业，这时候的青浦车灯喷漆厂员工40

多人，年销售额1000多万元。周志刚回忆说，早期车型变化很慢，一个车型的生命周期很长，到2000年，随着国家各项支持政策的出台，国内汽车市场开始升温，到2003年，汽车产业突然爆发，迎来机遇。水涨船高，青浦车灯喷涂厂开足马力加速扩大产能，家族企业特有的灵活机制显现出优势。

两次转型奠定企业未来

在周志刚的记忆中，有两次跨越式的转型决定了企业的未来。第一次、也是最困难的一次是从2006年开始的转型，主要原因是客户的需求发生了根本性的变化。按照以前的做法，车灯加工配套各环节分别由不同的厂家完成，周志刚的企业只负责表面处理的喷涂工序，其他如电镀、注塑等工序跟自己无关。但随着汽车产业的快速发展，小糸车灯决定减少多头对接的管理成本，重新整合下游供应商，有选择地发展几家集多种工序于一身的配套生产商，提高生产效率。

这种突如其来的转变对周志刚是一种冲击。周志刚介绍说，以前工厂从事的是单一工序，客户对我们的要求是做好专业，保证质量，不需要做别的。现在情况不一样了，企业要进入完全陌生的领域，从中心向两边扩，前端有成型、注塑、压铸，后端有真空电镀，每一个领域都是新课题。

从单一工序向多工序的转变，花去了周志刚6年的时间。2006年，企业被评为小糸车灯最佳响应供应商，荣誉的背后是漫长而压力骤增的转型之路。一方面，汽车市场井喷，企业要不断扩产；另一方面，客户迫切要求供应商转型，周志刚回忆说，当时最大的瓶颈在于技术，自己和技术人员常常通宵达旦地琢磨一个新产品，琢磨不出来谁也没法睡觉，很多细节都是靠自己去摸索。

第二次大的转型始于2012年，企业开始进军技术含量更高的模具制造环节，3年后成立模具车间，标志着自身的成熟。但在周志刚看来，最难忘的还是2006年开始的那场被客户逼出来的转型。

回首过去，周志刚说，虽然“管理”这个词听上去有些空洞，也没什么新意，但他深深感到，企业经营立足的根本，还是要在动态的过程中加强对自身的建设和管理，一个企业的基础性管理越扎实，客户对它的信任度会越高。企业的进步不单单是产值的扩大，而是从技术到管理各项综合能力的提升。

基础不扎实的企业往往给客户带来麻烦，而不是解决问题，只有基础扎实的企业才能解决问题，管理不是空概念，而是等于生产能力、技术培育能力、满足客户供货要求的反应度、质量等各方面。

周志刚认为，企业的转型不可能一蹴而就，而是一个适应变化、持续改进的过程，不改进会被竞争淘汰，但也不能太超前。尤其对于家族企业来说，不能拿全盘的新事物去硬套，否则得不偿失。

或许周志刚真正的转型秘诀是心无旁骛。创业多年来，周志刚说自己几乎从来没有旅行过，他最大的乐趣就是待在厂子里研究问题。直到他的一位很要好的朋友在新加坡结婚，他才出了趟国门。

“创二代”与“创一代”的冲突与传承

周志刚算是子承父业，标准的“创二代”，如今父亲已经70多岁高龄，但是身体硬朗，还担任董事长的职务。公司的重大决策，周志刚都会请教父亲的意见。但是毕竟是两代人，两个人关于公司的发展难免有意见冲突的时候。

周志刚与员工开会

周志刚记得最清楚的一次是父亲非常反对在武汉建立生产基地。当时的背景是2015年各汽车生产企业因产能扩张需要，也是为了降低各项生产成本，分别在全国各地进行建厂，促使各大一级汽车零部件配套商，随之跟进建厂，形成上海以研发为主、生产为辅的生产供应链模式。

周志刚的公司位于上海青浦，和外地的配件公司比起来，他们具有很大的区位优势。而现在车企在上海之外建立生产基地一下子就增加了公司的运输成本，在几次新项目的竞标中，他们纷纷落败，企业发展遇到了很大的困难和瓶颈。

面对要不要跟随整车厂一起走出去，到外地建厂的问题，父子二人意见不统一。周志刚毕竟年轻，正当壮年，极力主张应该走出去，不能困守一域，坐以待毙。但是父亲很犹豫，认为投资风险大，外地人生地不熟，建议观望等待为宜。但是市场竞争是时不我待，周志刚为了说服父亲同意自己的建议，他又多次去外地考察调研，听取客户的意见和建议，进行了非常详细的投资可行性分析，最终父亲同意在九省通衢的武汉建立生产基地。青浦的工厂可以辐射华东一带的客户，武汉基地可以辐射华中地区的客户，形成双轮驱动的布局，这是公司稳定发展的重要里程碑。

很多“创二代”接班的时候，都希望“创一代”能够脱离决策层，为自己留下足够的决策自由空间。但是周志刚不认同这种方式，因为“创一代”为自己创立的企业付出大量的心血，简直就是自己的第二生命，如果子女接班的时候，就把他们踢出决策层，于情于理都会让“创一代”受伤。所以至今，周志刚的还保留父亲董事长的职务，毕竟父亲在汽配行业干了一辈子，他的经验和教训对于公司来说是巨大的财富。 他认为自己既在守业，更是在创业，传承的是父辈的创业精神，开创的是属于自己这一辈的新的商业版图。

以客户为导向，树立客户思维

在周志刚的经营词典中，他理解最深的还是“客户”二字。多年来，他的企业只为一家大客户服务，业务稳定，因此如何让客户从心底对自己的公司保持持续的满意，这方面周志刚下了不少工夫。

任何一次转型背后都蕴含着观念的变革。周志刚回忆说，在早期的创业阶段，和客户有老朋友色彩，但从 2006 年以后，随着转型压力的空前增大，企业的眼光开始从长远出发，真正建立以客户为导向的思维和管理模式。

简单地说，就是客户第一。

客户第一主要表现在几个方面：一是摆正自己的位置，全心全意为客户服务。也就是说，不管企业自身有什么问题，一切以客户的需求为导向。周志刚的信条是，客户认为最困难的东西，我们来做；别人做不好的，我们来做；人家不愿意做的，我们来做。有些产品复杂，有些供应商不愿意做，再困难的东西，只要客户提出，我们肯定会做。久而久之，客户觉得一旦有困难，就会说让“青浦的那家企业”来做，他们肯定做得好。在客户心目中，周志刚的企业专门是啃硬骨头的。

周志刚说，困难每时每刻都会出现，但无论如何，客户思维必须是第一位的，企业的服务不仅是供货，还要全面配套，以前供货拖拉，碰到问题向客户抱怨，客户也会想，为什么出现问题都是要我们来解决，为什么你们不能自己解决？既然供货只找你一家，质量、生产都是你，跟不上就淘汰。比如大众汽车的尾灯大多数镂空，对注塑模具制造各项稳定性要求比较高，100% 合格率低，不赚钱，企业努力跟客户交流，调整模具结构各方面，基本达到客户要求，盈利打平，2012 年以后，类似产品都给他们做。再比如福特有一款超长灯，打两种颜色，收缩比例偏差大，间隙有标准，企业和客户沟通怎么改善，模具方面的费用会增加，但还是解决了困难，供货开始正常。

客户思维的体现还有一个重要方面，是投入产出观念的转变。周志刚介绍说，传统年代的做法是，客户给我产品，我才投入设备，客户定下来，我才开工给客户做；后来情况不一样了，是企业先投入，客户才给你做。这就使得企业不能以盈利为主观目标，为客户解决好问题就是一切。

为适应客户的要求，企业的算账方式也悄然发生变化。在竞标中，周志刚的企业不会以单个产品的利润点为主，在整体利润有保障的前提下，不追求每个产品都有利润，有些产品的投入产出能打平即可。周志刚认为，对企业来说，首先需要市场，其次才是利润，没有市场，什么都别谈。

周志刚说，跟客户打交道其实很简单，客户的要求无非几个方面：一是提供的产品保质保量；二是价格；三是解决质量问题速度要快，要彻底，不留后遗症。实际上，现在同业的竞争在技术方面已经基本在同一个起跑线上，问题的关键是如何降低竞争价格。这就要求企业要把好客户的脉，不断提高技术和管理水平，把很多无形利润让给客户，更多地从自身提高方面去挖潜。

此外，在维护客户关系方面，周志刚认为，企业遇到棘手的问题后，要第一时间跟客户交流，要诚实、真实，不要欺客户、瞒客户，具体有什么困难，跟客户摆出来，有什么好方法，大家一起共享。但最关键的，还是企业要跟着时代的步伐去变，尤其是企业领导者自身的素质，必须不断提高。

在同济学到了什么

2015 年，周志刚选择了同济 EMBA，对务实的他来说，这不是一时兴起，而是感到基于变化的需要。进入父亲的工厂 20 年来，周志刚一路见证和参与了中国汽车产业的巨变，也让他越来越感到自身的不足。

在同济的课堂上，周志刚打开了视野。在此之前，周志刚几乎一天也没离开过业务。他说，自己多年来一直沉浸在公司的业务里，看不到外面。当企业的规模只有几十个人、年销售只有几千万的时候，他感到自己的经验够用；但连他自己都没想到的是，后来的企业发展太快了，规模迅速增加到几百人、年销售几个亿之后，他感到了很多不适应。举个最简单的例子，早期的车间里有个高中生都新鲜，但后来不仅有大学生，还有博士，这些新人提出的问题自己常常无法解释。

如果说以前的大环境就是赚钱，那么进入同济后的周志刚则开始感兴趣“务虚”了。他总结说，自己在同济的收获主要是思维和格局上，做事情的统筹性有了提高，工作风格也有所改进，以前自己处理有些问题会急功近利，现在想问题则比较全面。另外，他对企业发展战略有了前瞻性的思考。他毕业论文的内容就是结合自己企业发展的实际谈战略思考，试图为企业未来30年发展找到基本的方向。

同济版的“中国合伙人”

同济EMBA快毕业时，周志刚的经营版图上发生了一点儿戏剧性的变化。2017年的一天，他去一位同学的建筑工地上参访，得知国家将强制性推广建筑装配式构件，以后盖楼宇会像装组合家具一样现场拼装，未来市场空间广阔。商机就在眼前，周志刚随口一说：“那你就弄一个呗。”两人一拍即合。很快，两人又召集了一位同学，3个人合资成立了公司，在南通买了50多亩地，一个人负责日常管理，一个人懂建筑，周志刚没时间参与日常，但在大的决策上也会参与。

在周志刚看来，这个新公司的意义更多在于连接同学之间的友谊。他说，如果没有一个事儿牵着，同学们毕业后也就散了。他本来想建议班上所有的同学一起投资，但39个人有39颗心，先3个人做出个样板再说。按照他们的规划，新公司2019年11月投产，一个基地可堆放10万立方米的构件，初试成功后再建第二个基地，以后多点布置，最终按照同学的设想，看能否五六年后上市。

也正是在同济学习的这几年，周志刚在企业战略上迈出了实质性的一步，一个位于武汉的新基地落子投产。周志刚看到，随着国家中西部开发和上海城市功能的

与同学合伙的创业公司开业庆典留念

转型，大量高耗能、低附加值企业向外转移已是大势所趋，企业服务的主要客户都在往内地集中，自己的步子已经慢了一些。

周志刚说，家族企业一般比较多地考虑现实生存，不会看长远，上了同济以后，他意识到企业在战略思考方面的欠缺。实际上，这几年企业的布局已滞后于客户的布局，客户在全国四五个城市已布点，但自己的企业还守在上海，而没有走向更广阔的舞台。周志刚有了危机感，他认为如果按老思路去延续，企业原有的优势就会慢慢弱化，甚至有一天有可能被淘汰。他选择了武汉基地作为战略突破口。

顺应数智化趋势，打造智能工厂

武汉基地是一个按照智能化工业 4.0 模式打造的生产园区，从设备布局到物流运输，再到人员配备，很多方面在同行中都将是首创。周志刚兴奋地说，每台设备都有自己的中枢系统来记录设备状态，不用到现场就能知道哪台设备出现了什么问题。对周志刚来说，武汉基地的落成意味着新天地的开始。

周志刚说，市场永远是现实的，做企业的人不往前跑就会被淘汰，因为客户的要求不断在提升，每年对生产配套商都会进行评审，达不到要求就会在报价竞争方面处于劣势，因此智能化生产势在必行。

谈到未来的发展时，周志刚认为汽车行业的空间依旧很广阔，一时的低谷都是正常的，新一代消费者的观念不同，希望汽车的外观有时代感，自己企业大问题不会有，因为基础扎实，只要不断创新，就不会被打败。30 年来，企业只有小糸车灯一个客户，为其提供 30% 份额的产量。未来的竞争是综合性管理的竞争，严格说来，不存在技术壁垒，就看谁的综合能力强，谁能控制好成本。

关于转型，周志刚说，企业都经历过困难期，传统产业从大环境来讲，日子是不好过，但自己从来没想过多元化，附加值低就往内涵上去强化。人生的乐趣更多在于应对挑战，如果一个产品做不出来，一定是在技术和管理上有问题，突破了就会有成就感。如果可能，未来企业会考虑增加一到两家客户。武汉基地前期投入高，但如果用三到五年的时间衡量，渐渐就会产生利润。

周志刚认为，企业生存模式的转型需要时代带动，不能太超前，如果是被动的转型，感觉当然痛苦。企业要想顺利实现转型，一方面，领导者要对时代、国家、市场、客户都有充分的认知，吃透以后才能进行经营模式的创新，如果转型过程中出现问题，要快速解决；另一方面，通过学习放大思维，同时结合实际地探索。

企业能力的提升没有止境，这就是企业家所理解的使命。周志刚希望投产后的武汉生产基地能一举成为行业里的标杆工厂。

徐伟青：山顶之上有星空

——从房产到教育的转身之旅

PROFILE

徐 伟 青

同济 EMBA28 班学员

西安西咸新区嘉博同创园管理有限公司总经理

秦创原嘉博科创基地负责人

引 言

伟青是美女，毋庸置疑，但如果让我用一个词来形容她，映入脑海的词就是雷厉风行。

对伟青印象最深的是2014年年底在《财经》的年度论坛上，同济EMBA中心作为主办单位之一，参与了当晚的房产夜话。中心参与该活动的目的一是为了宣传同济在房产领域的品牌优势和学术优势，二是为了EMBA做招生推广。当天伟青恰好在北京出差，她赶到现场来看我。由于我们是主办方，有很多细节工作需要现场协调和确认，现场只有我和刚刚毕业的Qiana，两个人忙得团团转。伟青一到现场就说："主任给我你的名片和我们项目的宣传手册，我去帮咱们项目做推广！"

财经年会邀请的嘉宾几乎都是各个领域的领军人物，每一个主讲嘉宾演讲结束以后，即便有保安的防护，台下的观众都会潮水一样将他们包围，只见伟青拿了我的名片和项目宣传册冲进人群，"奋不顾身"地与嘉宾互换名片，热切地向嘉宾和观众推介我们项目，那一幕带给我深深的震撼。彼时，我刚刚到EMBA中心半年，已经深刻地认识到EMBA项目的管理和运营要以市场为中心，但是囿于自己知识分子的面子，我做不到伟青一样放下自己的矜持和胆怯勇往直前。或许这是我只能成为创业者的观察者、研究者，而她可以成为真正的创业者的最根本的原因。

伟青身上快速行动力在她做每一次业务转型的过程中都体现得淋漓尽致，从她的经历可以看到，在今天这样一个充满不确定性的时代，创业者要想引领他们的企业消除不确定性而取得成功，必须要果断决策、雷厉风行。考虑好后就去行动，不能贪恋过去的成功。宁可死在新赛道征服的路上，也不要死在自己的平庸里。

她的个性除了是天性使然，可能和她的军旅生涯也有关系，这在70后、80后女性企业家群体中并不常见。有人说，军队是最好的商学院。中国成功的企业家中拥有军旅背景的人也不在少数，柳传志、任正非、王石……是其中佼佼者。

作风硬朗、坚忍不拔、吃苦耐劳、雷厉风行、珍惜战友……在普通人看来，这些都是军人的气质，但是在伟青的故事里，也许你会发现它们也是企业家精神的写照。

美丽女人的斜杠人生

世界上最残酷的海，是商海。

有人浅尝辄止，有人随波逐流，有人乘风破浪。

徐伟青则振鳞横海，击水三千。面对竞争时，她或许曾低头叹息；面对挫折时，她或许曾默然转身；面对失败时，她或许曾萌生退意，但她却从未停下学习的脚步，从未放弃对梦想的追求。

年华在徐伟青身上沉淀出醇美的芬芳，装扮着世界的多彩与灵动。见过徐伟青的人，都会称赞她的美。她本人大方爽朗，又是媒体人出身，若你与她相谈交往，会有一种愉悦之感，但这都不是徐伟青真正的魅力所在。

徐伟青有着多重身份，记者／主持人／文化传播公司总经理／建筑公司总经理／教育公司总经理／园区科创基地负责人／两个孩子的母亲。她在每个身份之间都游刃有余，令人感受到那种生机勃勃、不受束缚地用力生长的磅礴力量。但看似轻松的背后，代价是脱离自己的舒适圈，不断学习新知，跨越自身的局限去迎接新的挑战。

经历军旅磨炼，不惧创业风雨

徐伟青有过一段军旅生涯，她大学就读于军队最高艺术院校——中国人民解放军艺术学院（现名为“中国人民解放军国防大学军事文化学院”），虽然是艺术院校，但实施的是军事化的管理，专业军队的训练一样也不少。时隔多年回忆起来，徐伟青说青春的扉页上写满了倔强和坚强。

当被问起这段军旅生涯对她日后创业有影响吗？伟青脱口而出:“影响非常大！”

1999 年在北京解放军艺术学院上大学时留影

她总结说军队训练对她影响最大的实际上是两点：一个是性格磨砺，一个是时间管理的能力。

她记得大学印象最深的是军训时射击打靶训练，装弹、瞄准、预压、射击打靶、复位、再装弹，几个简单的动作，要反复练习，一练就是半天。由于每次射击枪托都要抵实肩窝，扣动扳机形成的后坐力磨得肩膀出现了一片片血砂印。但是伟青非常着迷，不服输，一次打偏，必须再来一次，直到正中靶心才肯放手。她边回忆边感慨：好的击发时机往往只有 1 至 2 秒，经商和人生又何尝不是如此，机会永远是稍纵即逝，所以行动必须要果断。

军事院校当然少不了每天晨练，无论春夏秋冬、刮风下雨，天刚蒙蒙亮，在集合号声中，要在几分钟之内从甜甜的梦乡中起来，穿好军装，叠好"豆腐块"军被，踢正步，围着操场一圈又一圈地跑步。当初觉得体能训练繁重枯燥，没想到却给自己身体打下了良好的底子。创业的工作强度和压力要远远超过朝九晚五的工作，徐

作为同济"戈 11"冲 A 队员参加戈壁挑战赛，获得 C 队女子组第二名

和同济 EMBA57 班戈友同学们合影

伟青现在繁忙之余仍然坚持晨跑，不仅和 EMBA 校友们参加戈壁挑战赛的训练，还参加了不少马拉松比赛，她总是不断提醒自己，创业也是一场马拉松，健康永远是第一位的，没有充沛的体力和坚强的意志，是无法成功抵达终点的。

起步贵州电视台，初露锋芒

大学毕业后她又去北京广播学院（现名为“中国传媒大学”）研修班进修了播音主持专业。徐伟青身高一米七，颜值较高、气质出众，天生就是吃这碗饭的料。大学刚毕业时，徐伟青怀着和所有年轻人一样的憧憬，渴望在北京扎根。但事与愿违，北京是个藏龙卧虎的地方，人才济济，初出茅庐的徐伟青求职并不顺利。

在《中国企业报》干了几个月记者后，机缘巧合下徐伟青到了贵州电视台，当起了一名出镜小记者。对于这份新的工作，徐伟青倾注了大量的心血。为了做好选题，她和同事不辞辛苦、跋山涉水去接近采访对象。采访后，为了打磨稿件，她经常通宵伏案工作。徐伟青当时的办公条件一般，且贵州气候潮湿、植被丰富，入夜后蚊虫肆虐。徐伟青工作时常被叮得满脸包，只能满脸涂风油精。回想起那时，徐伟青爽朗地笑道："风油精味儿很刺眼，我那时打字都是眯着眼的。"

天道酬勤，徐伟青的节目播出后备受好评，而令她印象最深的是其中一个专题《我想走路》。这个专题将镜头对准了一位不幸遭遇车祸，腿部被机动车碾压，只能截肢的小姑娘。小姑娘惨遭不幸，但肇事司机逃逸。徐伟青对小姑娘的命运极为同情，她在节目中强烈谴责肇事者，并呼吁社会力量来帮助小姑娘。节目播出后，反响很大，肇事司机被法院强制执行并赔偿了失腿女孩安装假肢的费用。徐伟青很欣慰，但当时也只觉得自己立足岗位，做了应做之事。直到小姑娘和她的家人扛了两大袋当地水果来到栏目组时，看着装上假肢一脸高兴的小姑娘，徐伟青从她父母手中抱起瘦弱的她，非常感动。尽自己最大努力为别人点亮一盏灯，从此成为徐伟青的人生信条。

转战西安，"转"出一片新天地

徐伟青在贵州电视台工作如鱼得水，蒸蒸日上，但她内心一直渴望更大的舞台。因缘际会下，她来到了文化底蕴深厚的陕西，这一待就是 20 年。徐伟青先是在西安电视台工作，还是从普通的小记者干起。因有着之前在贵州电视台的工作积淀，徐伟青很快就在新的岗位上站稳了脚跟，并一步一个脚印、踏踏实实地走到了主持人的岗位。

机遇垂青于有准备的人，徐伟青一直在琢磨如何将节目做得有新意、有亮点。

她发现当时西安高新技术开发区综合排名已经位于国家级高新技术开发区前列，但竟没有一档反映高新区蓬勃发展的人物访谈节目。徐伟青敏锐地捕捉到了这个市场空白点，并以强大的行动力和执行力，在西安高新技术开发区及西安市科技局的大力支持下，采访了一大批当地知名的科技创业者及外来投资者。节目播出后备受欢迎，创业者以受邀上节目为荣，当地政府、高新开发区也将节目作为重要的宣传渠道，对此徐伟青颇为自豪，将之称为“自己事业上的第一个小高峰”。随后她又趁热打铁，

2004 年主持首届“感动西安年度经济人物颁奖晚会”

嘉博同创园和梦驼铃数字经济基地于 2023 年 6 月 29 日举行签约仪式

在陕西电视台这个省级平台上推出了同类型的创业节目，影响力更大，辐射面更广。

正是在那时，徐伟青挖到了人生的第一桶金，也积累了丰富的人脉。多年媒体从业经历，徐伟青的眼界更为宽阔，与诸多创业者的深度畅谈也激发了她想要成为同路者的决心。

时间来到 2008 年，同类型访谈节目涌现，竞争加剧，徐伟青有了转换新赛道的想法。当时房地产业如火如荼，但是缺乏新型环保建材，环保建材被业内认为是未来的发展方向，她毫不犹豫地投身建筑业创业，她认为美的、环保的建筑也是一件艺术作品。这一转，就转出了事业的一片新天地。

乘上时代东风 博得创业先机

2008 年，进入环保建材领域的徐伟青选择从建筑仿石涂料开始做起，她的公司成了德国 STO 仿石涂料的陕西代理商。从多年的媒体行业跳出来，投身于完全陌生的赛道，徐伟青自认“胆子很大”。她回忆道：“当时谁也不敢打包票说我一定会打开一个新局面，但不知为什么我对市场的判断很自信。任何行业都有它的生命周期，当时传统媒体日渐式微，再留恋过去的成功已没有意义。与其这样，不如抛开一切，重新出发。”

当时中国房地产业发展如火如荼，徐伟青非常看好房地产业带来的巨大市场机会，因而才会驶入环保建材这条崭新的赛道。事实也证明了她的超前战略眼光。做代理商没多久，社会上出现了多起外墙瓷砖脱落砸伤居民的意外事件，陕西省建设厅发通知明文规定不允许房地产建筑外墙使用瓷砖。政策红利的加持下，徐伟青的生意做得风生水起，再加上她代理的仿石涂料美观大方，有德国品牌的质量保障，产品在市场上大受欢迎。后期由于环保建材市场供不应求，工期又紧，为了加快生产周期，减少物流成本，徐伟青有一段时期还开了一家外墙一体板复合加工工厂，对厂家的半成品进行加班加点生产。由于服务好、质量达标，徐伟青创立的建筑公司逐渐成为几家大型房企的集采战略合作伙伴。

回过头来看，徐伟青很庆幸当时带领公司及时找到了新的赛道，在房地产蓬勃发展的黄金期，和国际上最优秀的建材供应商合作，服务于中国优秀的房地产企业，伴随着他们的成长，公司也在飞速地壮大。徐伟青一再强调：“这是时代的机遇，是我们的幸运，我们有幸把握住了时代的红利。”

答案在现场，现场有神明

在做房产项目的那几年，徐伟青说随着业务的稳步增长，公司的合同金额从最初的几十万签到了上亿元，公司业态实现了建筑外装、园林绿化、精装修、建筑总承包等全方位覆盖，她似乎可以轻松地坐在办公室里享受做老板的光鲜和优雅，但她始终认为质量是生命线。她是日本著名企业家稻田和夫《京瓷哲学》的拥趸，坚信“如果你要抵达真理，现场是唯一可行的途径”。在做房产项目的几年中，出于对客户负责、对质量把关的要求，她从未缺席对现场管理的监督检查。

房产项目的现场都是工地，很少能看到女性管理者的身影，尤其是一开始，公司接的都是小项目，现场都是脚手架。她清楚记得第一次去现场的时候是冬天，脚手架上都是冰碴儿，她没有经验，没戴防滑手套、还穿着高跟鞋，爬到三层楼高的时候，她突然觉得有些害怕，真想打退堂鼓，但是现场的项目经理和工程经理都看着她，她那股不服输的劲儿又蹿了上来，她坚持检查了每一层的平整度和施工美观性、规范性。后来她们开始接高层建筑，她不用再蹬脚手架了，可以乘吊船，但是有风的时候，吊船也会来回晃，现在回想起来她还心有余悸。

行棋无悔，她说道：“作为企业经营者，无论多么高明的战略，多么雄厚的资金，多么精良的设备，多么强大的产品，多么完美的网络，多么完善的制度……如果离开对现场质量管理的监督，离开对细节的把控，一切都会幻化成天上的云。”

敏锐洞察危机，及时谋划转型

就在前路看上去是一片坦途时，徐伟青却隐隐感觉到“凛冬已至”。她发现，一方面由于仿石涂料竞争的门槛不高，竞争者日益增多，行业风险陡增，一旦出现客户拖欠巨额工程款的情况，那公司将如临深渊；另一方面，客户的报价越来越低，这显然是房地产利润下滑的信号，下游行业没有利润自然就要挤压她们上游供应商的利润。伟青认为，如果继续留在行业内，将不得不面对低品质和高风险的局面，而这有违她当初创业的初衷。所以2017年她们开始认真谋划转型，除了保留几个利润空间稍微好一些的国企地产项目，其他合作项目全部中止，大幅度削减在房产建筑领域的投入。

果然没过几年，很多知名的房地产企业陆续爆雷，拖垮了很多中小型的施工企业和建材供应商。和她同期创业的一些同行很多都全军覆没，当初她曾经友善提醒他们注意风险，很多人都说前期投入巨大，舍不得转身。伟青说那一时刻她想起读书时老师一再提到的沉没成本对决策偏差的影响，的确，当公司需要转身的时候要考虑的不是过去的荣耀和曾经的投入，那些和未来无关，唯一要考虑的是未来的增量收益和增量成本。

创业容易转身难，不做房产建筑，能够做什么呢？当时徐伟青还没有想好，但她认为给自己投资，为自己充电的时候已经到了。百战归来再读书，她想静下心来沉淀自己、充实自己，好好考虑一下公司未来的出路。2014年，她开始在同济大学攻读EMBA，每月都要在西安和上海之间往返，她也在上海的学习和交流中获得了一些灵感。

目前她们公司和西咸新区能源金融贸易区以及同济技术转移公司签署协议在西咸新区成立同济技术转移西咸协同创新中心暨嘉博同创园。旨在将同济最新科研成果引到西安做成果转化，同时为园区内落户的企业提供加速器服务。园区吸引的企业主要围绕数字经济、物联网、新能源、新材料等主导产业展开，形成以龙头企业带动下的产业集群。除了招商引资，徐伟青强调要吸取行业内前几年园区经营的教训，做好入驻企业的服务，她每隔一段时间会组织团队调研，了解企业的诉求，并积极协调相关资源帮企业切实解决问题，企业对她充满了信任。

嘉博同创园和梦驼铃数字经济基地于 2023 年 6 月 29 日举行签约仪式

上学的那几年，正值双创热潮，很多孵化器和创业园区拔地而起，西安也不例外。经过几年的发展，有许多孵化器和创业园都经营惨淡甚至无疾而终，究其原因，园区往往把所有的精力都放在前期的招商上，招商完成以后，就只关注税收和就业人数，后续的配套服务跟不上。比如优惠政策落地问题、人才供给问题、企业融资问题、创业者子女入学问题、员工居住问题等，都没有妥善解决，导致有些孵化器

同济技术转移西咸协同创新中心

和园区后续运营乏力。循着这些产业园区经营的痛点，她找到了自己转型的方向——和当地政府合作升级科创园区。

同济技术转移西咸协同创新中心

信任是最好的驱动力，徐伟青说："我们必须要对得起入驻企业的信任，一定要以客户为中心，只有入驻企业发展好了，才有我们的生存空间。" 她长远的规划是要让嘉博同创园的品牌走向全国、全球。把她在上学期间以及自己创业期间积累的企业家资源吸引到西安来投资发展，未来也伴随园区头部企业的发展战略，发展到全国、全球。目前嘉博同创园已经吸引不少企业落户西安，5 年内园区落户企业产值将达 100 亿元以上，税收及就业人数也会创造新高。

时间真是神奇的东西，多年后徐伟青又回到了她事业的初心和起点。当初她在电视台做访谈节目，通过媒体平台为企业宣传服务。如今她自己转身成为企业家，对企业经营多了一份直接的感同身受，更加了解企业的痛点和需求，她相信自己也比十几年前拥有更多的经验和资源为企业赋能和服务。

同道相合，一群人会走得更远

2014 年，徐伟青开始考虑攻读 EMBA，之所以选择同济，是因为当时自己从事建筑工程领域，在工作中经常接触到的合作客户很多都毕业于同济大学。他们普遍专业素养良好，态度认真负责，窥一斑而见全豹，徐伟青对同济大学心生向往。在详细了解之后，同济大学在建筑、城规等学科方面的雄厚实力坚定了徐伟青选择同济 EMBA 的决心。"每个月上课四天，时间上安排比较合理，既不会过于影响日常

主持同济 EMBA 年会后台留念

工作和孩子教育，又可以结交一批志同道合的同学，不断提升自己，挺有价值的。我觉得任何人，尤其是女性，不要因为有了家庭和孩子就轻易放弃自己的成长。在这个充满竞争的年代，工作无疑充满了挑战，生活有时也琐碎如一地鸡毛，即使这样，也要有一颗不向生活妥协的心！”

在极具经济活力的上海入读同济 EMBA 后，徐伟青耳目为之一新。同窗中有很多行业内的精英，有的甚至还有着丰富的海外工作经历及人脉资源，他们的思维方式、行业知识、处世哲学都带给徐伟青很深的影响。每位授课老师理论知识扎实，案例丰富，讲课生动幽默，常常讲解最新案例以供研究和探讨，令徐伟青每次上课都能收获新知。

更重要的是，在同济 EMBA 总能找到志同道合的人。同济 EMBA 有很多社群，如设计协会、航海协会、足球俱乐部、网球俱乐部、戈友会等。徐伟青因为自己喜欢品茶，2015 年，她和几位同学一块创立同济 EMBA 茶友会，以茶会友，坐而论道。

邀请同济校友长阳创谷总经理奚荣庆（左三）在每月一期的 EMBA 创客营分享会上进行分享，会后同学们一起合影留念

时至今日，同济 EMBA 茶友会已经做了上百场分享会，来自同济、中欧、长江、北大光华、复旦等优秀校友的分享，给大家带来了很多收获，成为 EMBA 学员之间常聚常有的盛事。

在这 8 年间，徐伟青一直主动承担着活动组织者的责任。无论工作多忙，她每月都会邀请 1 ～ 2 位优秀校友分享他们不为人知的创业故事和企业管理经验。在徐伟青的打理下，同济 EMBA 茶友会不再仅仅是一个品茗、乐享闲趣的地方，而成为 EMBA 学员之间同道相合的平台，遂更名为“EMBA 创客营”。在这里，大家不吝分享创业路上的心路历程、得失成败，相互扶持，守望相助。大家都深信，在创业这条道路上，一个人走可能走得快，但一群人走会走得更远。

同学同济，为富为仁

当年在同济读书的时候，时任校长裴刚曾经给 EMBA 项目题词“同学同济，为

西安疫情期间，和秦商会执行会长刘阿津一同为西安市教育局捐助消毒液

富为仁”，呼吁 EMBA 校友企业家在创造财富的同时，要学会管理财富和分配财富，应该学会承担社会责任。徐伟青说她非常认同这一理念，自己在创业的过程中，也得到过很多人的帮助和支持，因此在自己有能力回馈社会的时候，她一直热心社会公益活动。特别是这两年，疫情肆虐期间，她多次捐献物资。

2020 年初，西安疫情期间，消杀物品紧缺，她心系学校的孩子们，想办法联系上了消毒液生产厂家，和秦商总会执行会长刘阿津一同为西安市教育局捐助了一大卡车次氯酸钠消毒液。教育局领导非常感动，因为嘉博教育是第一家为西安市教育局捐助的企业。2021 年年底，西安封城期间，居民生活物资短缺， 她又帮忙联系蔬菜市场，连夜为园区 400 多户居民送去新鲜的蔬菜。像这样的公益事业徐伟青做了不少，她也不愿过多提及，她认为企业的成果来自社会，都是社会的资源，既然取之于社会，自然也当回馈社会。

徐伟青从 2002 年开始创业，到目前也有 20 年了。回首这 20 年的创业历程，徐

疫情期间为西安光电园所有小区居民配送 400 多箱紧缺物资——新鲜蔬菜

伟青也曾慨叹诸多不易与艰难，但她不曾软弱与彷徨，更不曾停止前进的脚步。徐伟青说：“当你知道自己的目标在哪儿时，全世界都会为你让路，许多贵人也会为你助力。由于你有强烈的正念和信念，也会吸引一批和你一样志同道合的优秀伙伴们加入团队，共同把事情做到一个更高更广的维度。”

作为一位成功女性，徐伟青由衷地感恩这个伟大的时代。我们正迎来百年未有之大机遇，同时也面对着百年不遇之大变局，不要去抱怨命运的起点太低，不要抱怨太多的不确定，要敢做时代的弄潮儿，个人梦想要结合中国梦，做符合国家战略需求的事业。看好时机和未来趋势，步子要迈得大、迈得稳。只要你想做事，只要你执着，总会找到合适的土壤。最重要的是，永远不要给自己的人生设限。徐伟青特别喜欢仰望星空，她说：“浩渺的宇宙如此之大，人类只是沧海一粟，没有过不去的坎。当你站在山顶时，记得头顶还有星空！”

张兵：持续做一个有价值的人

PROFILE

张兵

同济大学 EMBA30 班学员

前华为和海康威视流程与变革专家

上海发那科机器人有限公司企业管理部部长

WHITMAN
COLLEGE

引 言

张兵来面试的时候，我们当年的考试已经快要结束了，所以我和他一对一面谈了一个下午，来了解他的职业经历和读书的诉求。

在介绍张兵出场之前，有必要先介绍一下同济 EMBA 这个群体。众所周知，同济大学以理工科见长，所以 EMBA 项目的学员基本上也都以理工专业为主，从事的行业也以建筑、汽车、环境等实业为主。学员的平均年龄在 40 岁左右，他们的职业经历也基本遵循相似的轨迹，专业出身—项目经理—公司副总—CEO 或自主创业。虽然大部分人管理经验丰富，但是他们对管理的理解还是停留在感性上，缺少理性的自省和梳理，这也是他们来学校读书的动因之一。加上他们这个年龄群体受中国传统文化影响较深，深信“君子敏于行而讷于言”，因此在公众场合，愿意像马云一样侃侃而谈的学生并不多见，大多数人是低调内敛的，甚至有些人是羞涩的。

但是第一次和张兵的面谈就发现他有区别于这个群体的独特所在，他对自己过往的经历是有过审视的，且审视是自发和自觉的，他以审视和批判之姿来面对自己的过往，也以相同的心态来迎接在 EMBA 的学习。因此他后来成为课堂上的提问者，辩论赛的挑战者，很多场合他是一个“异见者”和勇敢的价值输出者。

中国文化向来倡导包容、妥协，要你好我好大家好！但是管理企业如果只讲一团和气，可能会是一场灾难。一个异见者在群体当中当然容易形成冲撞，这在他们班级备战 2016 年海峡两岸商业案例大赛中特别明显。在准备的过程中，张兵一如既往地挑战队友的观点，一开始有些队友还不适应，但是真理越辩越明，最后他们获得了案例大赛的冠军。我想那次比赛的经历让他们每一个人都深刻地认识到，和谐与宽容不是乡愿，不是表面和气；和谐与宽容是接受差异，是百花齐放，百家争鸣。管理企业要倡导和配置反对的声音，甚至在组织体系上构建与主流“红军”力量唱反调的“蓝军”。

因为允许异见，就是战略储备。

张兵的职业履历是光鲜的，从贝尔实验室到华为，再到海康威视和自我创业，就像他的名字的寓意一样：张兵，一个拉满弓的斗士，一路求索，坚持做一个有价值的人。

古城威尼斯留影

人生是个复杂命题，存在中体现价值

张兵给人的第一印象是温和谦逊，爱读书，从他的外表，你很难看出他是一个出没在通信行业惊涛骇浪里的人。

有趣的是，张兵供职过的两家企业近来都受到美国政府的格外关注，一家是华为，一家是海康威视。张兵开玩笑地说，自己喜欢的企业，美国政府也喜欢。而张兵本人，在这个日新月异、快速迭代的行业里已打拼近 30 年。如今的张兵，在海康威视是一名资深管理型专家。

回首自己近 30 年的职业生涯，张兵说自己就像一叶轻舟，在行业的浪涛里漂来漂去，有时候主动有时候被动，凡是被动的转型都是痛苦的，而主动的转型遵从自己的兴趣和爱好则没有那么多艰辛。他信奉存在主义哲学思想即“人的存在本身没有意义，但在原有存在的基础上自我塑造，自我成就，获得精彩，从而拥有意义”。人生和企业一样，都是在踏浪中存在，存在中为社会带来价值和为自己创造生命的意义。

从国企到外资——人生的第一次被动转身

作为一个个体，社会时代大环境和公司平台对一个人的发展和价值实现有巨大影响。

随着中美关系的恶化，半导体芯片成为焦点中的焦点，国家也不断在该行业投入巨资，希望不再被卡脖子。时间倒回到 1991 年秋天，大学学半导体物理专业的张兵走出校门，进入西安一家专业非常对口的国营半导体企业，在一线做芯片的工艺设计，一做就是 7 年，如果现在看那一定是一个非常有前途且高薪的职业吧。但实际上这个阶段的国企正每况愈下，技改资金投入不足，人浮于事，效率低下，市场营销手段落后，种种国企病缠身。到后来，厂里每个月给员工发工资都犯愁。这种境况逼得张兵不得不另谋出路。

职业生涯的第一次重大选择摆在他面前。此时的张兵已经意识到，个人的力量是渺小的，人不可能左右环境。

张兵说，人是一种环境动物，同时具备两种能力：一种能力是先天的适应能力，另一种能力是待开发的潜力。在温水煮青蛙的环境中，人很容易臣服于习惯，沉沦并不自知，但在一个有利于发展自身的环境中，人的潜能会被激发出来。人的局限性在于，人会受制于他所看到的东西。

迫于生计，也为前程着想，张兵告别了西安。这是他人生中的第一次转身，也是唯一被动的一次。职业生涯的第一个 7 年，虽然让张兵体会到了什么是无助和无奈，但任何经历都不是白费的，这段经历更多让他看到一个没有生机和活力的企业是一种什么样的管理状态，懂得了以后的光阴应倍加珍惜。辞去国企工作的张兵向全新的平台进发。

这一跳，张兵跳进了上海浦东的一家明星企业——上海贝尔。熟悉通信行业的人都知道，上海贝尔是中国电信行业中第一家中外合资企业，在当时的业界里技术先进，产品供不应求，处于卖方市场的地位。在这家公司里，张兵的业务能力得到了进一步提升，收入可观，生活稳定。

在上海贝尔，张兵一做又是 7 年。这 7 年，张兵对自己的物质生活没有什么不满意的，他也不是那种削尖了脑袋整天谋划人生的人，但当 7 年即将结束时，张兵对自己所在的这家企业逐渐有了不同的看法。张兵说，上海贝尔的日子虽然好过，但自己似乎缺乏了点激情、缺了点能被企业愿景和文化的感染后的冲动。

被任正非魅力吸引，主动转身入华为

与此同时，来自深圳的华为进入了他的视线。人往高处走，水往低处流，华为对张兵有一种特殊的吸引力，这来自华为文化和任正非企业家的个人魅力，如网上不断传播的“胜则举杯相庆，败则拼死相救”“不让雷锋吃亏”“以客户为中心，以奋斗者为本”等核心企业核心价值观信息。当然除了网传的一些信息外，事实上，张兵对同为竞争伙伴的华为并不十分陌生。有两个细节，张兵至今仍记得。

一次竞标中，张兵所在的上海贝尔先汇报，随后华为入场。让张兵感到意外的是，华为一出场就是 20 来人。是来打群架吗？张兵感到纳闷。还有一次，项目验收后催款，甲方对上海贝尔的态度不紧不慢，却很快给华为付了款。张兵问甲方的负责人，

中东约旦佩特拉古城遗址

为什么会区别对待？甲方回答说，人家华为的力度不一样啊。怎么不一样了，张兵好奇地问。甲方笑着告诉他，华为人来了的时候，拖着行李箱。华为人直言不讳地说，收不到款，自己就只能走人，在企业里干不下去了。

事情虽小，但却颠覆了张兵从业多年的常识。这究竟是一家怎样的企业？张兵想搞明白。他开始留意市面上关于华为的书，随后对华为的企业文化、价值观和任正非这个人产生了浓厚的兴趣。

随着张兵对华为的了解越来越多，他觉得换平台的时候到了。此时的华为已有 6 万多名员工，但张兵看到的更多是个人发展的未来。于是，他偶然也是必然地离开了上海滩，投入了华为怀抱之中。华为像一团火，燃起了张兵的工作激情。这次选择，不再被动。张兵说，自己就是喜欢华为。

他后来总结说，无论是个人还是企业，单个的力量都是有限的，必然是镶嵌在时代的大环境中，那些成功的人，都是在特定的时空抓住了特定的历史机遇，所以成功不可复制。人，只能顺势而为。

征战海外，视野打开人生

人生最大的明智，莫过于在正确的时间点上作出了正确的选择。众所周知，关键时候的选择比能力更重要。或者可以这样说，选择是一种最宝贵的能力。

来到深圳后的张兵，正赶上华为向海外大发展的步伐。很快，张兵被企业派往中东北非地区，在华为的 7 年，张兵大部分时间都抛在了海外。但这工作环境极其特殊的 7 年，造就了一个更厚实的张兵。

张兵说，华为的工作强度并不难适应。但在工作之余，张兵收获了一笔额外的财富，即看到了世界的多元性。张兵是理工科出身，擅长逻辑思维，当多元的外来文明扑面而来时，张兵的视野被打开了。

来到阿联酋，张兵第一次出国，看到了崛起于沙漠中的炫目城市；在沙特，张兵发现这里没有任何娱乐，工作场所没有女性，洗手间根本不用关门，连前台都是大胡子男人；而在伊拉克，张兵看到了战争带给平民的伤害。同时，他也看到，无论这些国家的遭遇如何，世俗生活都没有国人的焦虑，人们相信真主的安排，并不抱怨命运。渐渐融入当地人的生活后，张兵不觉得中东有多苦。

种种风俗与常识相反，比如警车是法拉利，员工宁肯不要奖金也不喜欢加班。张兵主要负责大型项目的现场交付，而在华为有一项规定，没在一线战斗过的人不能升级。这段日子里，张兵学会了如何和雄辩的阿拉伯人打交道、磨合和较量。

阿联酋的工作结束后，有人问张兵是否要常驻，这里的生活条件相对优越，很多人会选择固定下来。但张兵对阿联酋的现代生活兴趣不大，而是主动选择了做一名流动的项目支持者。他很快被派往北非的苏丹，一个他此前从没听说过的国家。刚坐上去苏丹的飞机，张兵后悔了。

一幕幕场景让张兵称奇。飞机座位不对号，非洲兄弟们大包小包带着各种日常生活用品。机场除了跑道是条水泥路外，其他都是土路。去开会的路上，张兵问同事是否要穿得正式一点，擦擦皮鞋。同事告诉他，不用了，还没等你到会场，鞋已经脏了。生活上跟阿联酋比，一落千丈，经常断水断电，晚上睡不着觉。开空调的话，柴油发电机的声音震耳欲聋，不开又热得要死，不小心还会染上疟疾等传染病。但几个月后，张兵也习惯了。他回忆说，在条件艰苦的环境中，人与人之间的关系更亲密，平日里大家同吃同住，一起上街购物，一起娱乐，和同事反倒结下了友谊。

在比利时布鲁塞尔留影

在德国科隆教堂合影

张兵难忘的是在伊拉克。一天上午，距离办公大楼几百米的地方一声轰鸣，传来汽车炸弹的气浪，瞬间门窗破裂，窗框飞出老远。亲眼看到汽车炸弹的威力后，张兵感到生命的脆弱和不可预测。此后，苏丹的一位好友因病逝世。这都使得张兵在工作之外对人生有了更深刻的理解。

为女儿再次转身自我创业

在海外，张兵看到了一个五彩斑斓的世界，也认识到人的一生应该是五彩缤纷的。7 年后，张兵依依不舍地离开了华为，回到上海，加盟一家大型管理咨询公司做合伙人，事业处于过渡期。

张兵离开的华为原因很简单，是为了女儿。女儿从小身体不好，他和妻子决定送上高中的女儿考托福，去美国上大学。考虑到女儿即将开始独立生活，张兵觉得自己这个做父亲的有责任回到女儿身边，多陪伴和指导女儿。张兵有意识地锻炼女儿按照自己的想法安排自己所想要的人生。

上海 AMT 咨询公司周年庆留念

同济 EMBA 年会留念

他对女儿的人生采取扶上马送一程的想法，但不会干涉，只要女儿自己喜欢，学什么专业都好。如今他的女儿在美国西雅图的一个绿洲小镇里读哲学。张兵说自己很喜欢那里的氛围，宁静而温暖，人与人见面会友善地打招呼。当女儿提出继续去德国深造，张兵毫不犹豫地表示支持。

顺其自然，过程中享受快乐

张兵希望每个人的人生选择都能够多一些。他认为，人的选择和现实处境有关，如果一个人每天都在为生计着想，那么他就没有机会去开拓人生，穷人必然有穷人的思维，以及必须去面对和解决的问题。但当物质条件达到一定水平时，人的眼界会更宽，在出发点上不考虑功利。

张兵更欣赏西方式的教育，他说西方很多年轻人在走自己的人生路时，都是遵循自己的内心，愿意学一些底层的基础东西，道理很简单，人生是长跑，不遵循内心的爱好，最终跑不下去。老师常常问学生，你来这里学习，是要一份工作还是事业，

同济 EMBA 就读期间参加 2016 年海峡两岸商业案例大赛

是想做一个螺丝钉还是领导者。不是一上来就谈怎么赚钱，而是鼓励学生思考怎样给社会带来价值。而中国恰恰相反，人人有压力，谋生的气氛紧张。在这种环境中，人很容易放弃追求，迷失自我，但没有足够的钱又没法生存。

离开华为后，张兵投身管理咨询业，接触了大量的军工企业，想更好地复制自己既有的职业经验。与此同时，随着角色的转变，张兵觉得自己有必要系统地提升管理知识，他选择了到同济大学读 EMBA。他感觉自己的经验需要系统地整合，增强自身在企业管理方面的基础知识储备。

这段时间，张兵一边高密度地进入不同的企业，一边在课堂上汲取营养。谈到同济的教育时，张兵觉得更有价值的是那些在课堂上与同学们的互动和讨论。他说，讨论的价值比读几十本书都高。

张兵选择到同济深造，并不是为了某个具体的目的，也不是为了在职业生涯中再创辉煌。张兵说，真正在企业中打拼过的人，不会相信奇迹。当一个企业获得巨大的成功时，很多人由于媒体的包装，只看到烟花的耀眼，又有谁真正了解企业背后所付出的艰辛，以及厚积薄发的过程呢?

张兵举例说，现在华为的手机做得风生水起，但很多人不知道的是，华为默默出品贴牌手机已有十几年的历史，最早的MATE系列手机，华为人都用过，水平很烂，那个时候谁想到会有今天。

因此，张兵认为，任何成功都不能简单地归因。日常生活中，人们容易陷入一个思维误区，即做一件事情就是为特定的目的，想要什么就要马上得到什么，这是一种执念。其实，人生是一个不断触发的过程，人没办法知道今天的结果和过去的具体哪一点有关系。在张兵看来，积极主动并顺其自然，就是最好的“转身”且能够获得“转身”中的快乐。这有点像亚里士多德在《尼各马可伦理学》中关于快乐的定义：高层的快乐与实践活动相伴相生，而非对目的的执念。

成功只是表象，价值创造乃快乐之源

同济 EMBA 即将毕业时，张兵作出了新一次的职业选择。在管理咨询行业里，张兵觉得自己固然有用武之地，但由于企业保密等原因，经验很难深入。这一次，他选择了总部位于杭州的海康威视，一家近年在视讯安防业快速崛起的全球领军企业，他相信自己能为新东家带来价值。

张兵喜欢和正向、思维开放又有能力的团队一起工作。他总结说，人是社会动物，真正的快乐来自人的社会性。和周边的环境和睦相处，人与人相互协作、互有贡献，是张兵所追求的理想的工作境界。

谈到人生的意义时，张兵反复谈到价值。他认为，人最大的价值是在积累财富

在海康威视就职期间留影

的同时能够给社会带来价值，得到别人的认可。人生不是刻意规划出来的，张兵认为所有的规划都是胡扯。

小时候，张兵有一段时间学习不好，母亲对他说过一句话：你将来是想做一个造粪机器还是对社会有用的人？这句话一直刻在张兵的脑海里。如今的张兵，对母亲的教诲有了更深的体会。

张兵认为，世界上有两种命题，一种是简单命题，一种是复杂命题。科学研究理论深奥，但本质上是简单命题，而人生则是复杂命题。人生不是像方程式推导那样，由 A 推出 B，再由 B 推出 C。人生的因果关系是理不清的，所有的经历都可能是导火索或催化剂，因此，不能把复杂问题简单化。

张兵说，如果提前给自己写墓志铭的话，他希望自己的人生没有太多的后悔——没有对不起社会，没有对不起家庭，没有对不起过别人，自己的一生给社会、家庭和周围的人都带来过价值。

人活着要有意义，成功只是表象，有价值的人生才会感到快乐，张兵说。他强调，人的职业生涯最好遵从自然，一是要有寄托，生存要有价值感；二是生活要快乐，最好能轻松地实现个人的重大价值。

张兵不认为自己是工作狂。业余时间里，他喜欢打乒乓球、散步、看书、听音乐。生活在一个快速迭代的行业里，张兵不提倡急功近利。他认为，如果一个人今天干什么，是为了明天想要什么，那么他一定不能成功。

对于未来的职业生涯，张兵没有具体的打算。如同他对女儿的教育一样，张兵认为人在有限的一生中，应该多做些基础性的东西，比如品德建设、一些看起来不实用并不能收获现实利益的爱好，同时广泛接触社会。人在每一次转身时，不要问自己一定能得到什么，一定要如何成功。

如今的张兵逐步遵从内心。回首往事，张兵说，人生多沧桑，但不需要过度被提前规划和定义。一生中有平淡、刺激，也有遗憾，人生的结果并非自己所能左右，只是在波涛里经历了人生而已。区别在于，有的人终其一生追求某个想要的结果，有的人享受过程中的快乐。

VUCA 时代的变与不变

在和张兵交流过程中他没有过多谈到企业管理方面的经验，虽然他是一个具有丰富经验的企业管理者，不过当被问到在同济 EMBA 学习心得和管理理念时，从他的观点也看出其人生经验在企业管理中的烙印。张兵认为，当一个企业身处在不同的时代、行业、竞争、企业发展阶段、文化等之中，当下应采取的管理方式和手段最合适本企业的就是最好的，而非理论层面最新的、最流行或标杆现在采取的管理理论和手段。同时在VUCA时代，企业战略规划的作用在减弱，接受变化应顺应变化，保持行动的敏捷和核心价值观的稳定才是王道。

在日本富士山脚下欢迎 VUCA 时代

谢铭峻：一个人就是一支队伍

——外科医生的创业传奇

PROFILE

谢铭峻

同济大学 EMBA30 班学员

台湾洸鼎生物科技有限公司董事长

台湾艾帝尔医学美容中心院长

引 言

谢铭峻也来自台湾省，当初入学的时候，我们特意问他是否愿意就读两岸项目CS班，他明确表示想加入一个大陆班级，就像他2009年拜师安徽医科大学校长张学军教授一样，两次选择流露的都是一个土生土长的台湾同胞主动融入大陆市场的迫切。大陆把这种选择叫“本土化”，台湾省则习惯称“在地化”。

因有CS项目的缘故，让我有机会接触大量在大陆投资、经商的台湾同胞，不得不说，最近10年，他们的“在地化”程度已经非常高了！他们熟悉大陆的语言习惯，微信来往对简体字也已经驾轻就熟，甚至有些人的口音都已经改变了，惹得大陆同学经常开玩笑地模仿台湾同胞语气对他们说“你还想怎样？”

台湾经济在20世纪80年代腾飞，除了政府政策得当，民众勤劳肯干以外，还有一个重要的原因就是大陆作为台湾经济发展的腹地，使得台湾每年从两岸贸易中获得巨额顺差，保证了其贸易收支的平衡，且提高了其在本岛的投资能力。谢铭峻从小喜欢历史，一个能够参透历史逻辑的人很容易看透大陆这个庞大的市场对台企的意义和价值。所以谢铭峻们选择“在地化”既是作为企业家的商业直觉，也是大时代背景下的历史必然。

包括铭峻选择紧紧拥抱电商，也是一个极其明智的选择。知名企业家张瑞敏说过，“没有成功的企业，只有时代的企业”。那么什么才是我们今天的时代精神？一言以蔽之，今天的时代精神形式就是云端网，其本质是网络配置资源。

正是网络赋予达特医（Dr.Hsieh）这样的独创品牌以无限生机，如果退回到线下渠道为王的时代，大品牌永居C位，小品牌根本无力负担昂贵的管道费。铭峻就是这样凭借自己的商业直觉和胆识以及医生出身的严谨与专业把自己打造成一支队伍，踏准了时代的节拍，让时代的洪流与企业的努力形成同频共振，那么属于他的时代还会远吗？

一己之力玩转四种身份，培育台湾第一杏仁酸医美品牌

2019年3月18日，台湾高雄达特医门店迎来了余琛和她的《全球探美》直播节目。这是一档在淘宝直播上拥有极高人气的美妆直播，曾创下过1分钟卖光3000瓶化妆水的带货神话。高出淘宝均值转化率10倍的成绩，让这档节目成为全球美妆精品品牌进入大陆的第一站。台湾品牌Dr.Hsieh，成为《全球探美》本次台湾行的首选品牌。

在主持人的穿针引线下，直播开始30分钟，Dr.Hsieh的明星产品之一，杏仁熊果酸精华便售出2500多瓶，最高上线人数超过3万多人。这并不让人意外，毕竟，在知乎(大陆最具影响力的问答社区)美妆板块中，Dr.Hsieh早已不是个陌生的名字。在涉及小众但好用、改善粗大毛孔、美容妙招等几个高浏览量的问题中，高赞答主们均不同程度地推荐了Dr.Hsieh。其中，浏览量超5千万的话题“有哪些让你相见恨晚的美容妙招？”中，高赞答主杨知媛推荐的杏仁酸产品，位列第一的品牌便是Dr.Hsieh。

得知了大陆网友的喜爱，Dr.Hsieh品牌创始人谢铭峻语气平静地表达着感谢，但在语气停顿处，欣喜之情流露了出来。

Dr.Hsieh于2007年由谢铭峻一手创建，但为这个台湾第一杏仁酸自创品牌所做的努力，实则从2003年便开始了。前后16年，Dr.Hsieh的发展之路顺畅、稳当，每一次节点上的转折，都似乎衔接得刚刚好。但创过业的都知道，一个品牌的顺遂和茁壮，背后往往都是“父母”以惊人毅力和投入为其保驾护航。

Dr.Hsieh也不例外。为了发展，创始人谢铭峻从一个医生开始，不断承担起研究者、商人、网络红人等多个看似并不兼容的身份，以一己之力在身份间不断切换，培育起台湾第一的杏仁酸品牌，并将品牌的影响力扩展至海外。于他而言，这四种

身份的衔接和转换愈是圆融，Dr.Hsieh 的发展就愈是顺遂。

从长庚医院辞职，创办个人骨科诊所

谢铭峻原是台湾高雄长庚医院的外科医生，1993 年，刚从医学院毕业的他怀揣

医生时期的谢铭峻

着一种强烈的使命感，踏进长庚医院，梦想着在癌症医疗上大有可为。同时，他也做足了今后将在重症室、病房、手术台间来回穿梭、忙碌不堪的心理准备。

不过这准备中，却始终未曾设想过，“忙碌不堪”四个字的顶点是需要一个周日做 7 台高强度的外科手术。

日子在忙碌中过去，谢铭峻的能力和压力成正比地与日俱增，属于外科医生的精确和敏锐在他身上茁壮成长，同时疲惫感也在不为人知的暗夜悄悄积累。

他举了个急症室的日常例子，说明一个外科医生既充满敏锐感又充满高压力的日常状态。

“在外科急症室，一个病人从踏入房间的第一刻开始，我们就开始观察了。”这种集中全部精神的观察，体现在整个诊断的过程中。病人会觉得从开始提问到提问结束，也就是几分钟的时间，但外科医生的观察早就遍及他们身上的每一个细节：身体的形态、面容、走路的动作、肢体的协调、面部表情、皮肤、伤口状况……哪些需要立即处理，哪些可以稍微作缓，在外科急症室里，留给医生的判断时间往往就只有几分钟，而急症室又常有重伤病人，比如刚出了车祸的病患。在几分钟里，医生们面临复杂的创伤情况，必须要立刻判断和处理，要求之高，使得谢铭峻们培养起了面对生死的杀伐决断，以及见微知著的敏锐洞察。这使得谢铭峻在面对日后瞬息万变的市场时，总是能迅速感知，果断抉择。

2003 年，已经在医院工作 10 年的谢铭峻终于感到一股达到顶点的疲惫，他最终下定决心，从长庚医院离开。之后，他建立了个人的骨科诊所，但这种倦怠感并未完全消散，加之对当时台湾的健保核检体制感到失望，一年后，他踏上了飞往美国的航班。

师从美国药妆学之父，跨界开始医美生涯

那是2004年，医美业刚刚在台湾萌芽。通过互联网，台湾的激光治疗、注射美容、微整形等技术资讯和设备都与美国同步，但还未兴起保养品融合医药成分的医美概念。谢铭峻很快注意到媒体上反复滚动的医美业的消息，他敏锐地意识到医美领域的前景，加之自己对精密技术的兴趣，他选择了去美国跟随Dr.Kligman 学习。

Dr.Kligman 是Dr.Fulton 的门徒，后者被称为“美国药妆学之父”，两人都曾在美国宾州大学皮肤科进行过A酸的研究开发，并在迈阿密共同成立了皮肤科和医美中心。耳濡目染，谢铭峻萌生了日后开发医美产品的想法。第一步的措施便是回到台湾，开设医美诊所。此后，他一边实践，一边投入各种医美妆品的成分研习。

投奔大陆名家，完成开创性研究

2008年，北京成功举办奥运会，随之而来的是国人逐渐开放的视野和良好的产业发展环境。2009年，大陆的医美业正如2004年的台湾省一般，处于萌芽阶段：医美业的上游，例如药品、耗材及仪器的研发生产商等，有了较好的产业氛围，许多知名外企在中国开疆辟土，本土企业也得以发展壮大，如华熙生物、兰州生物制品研究所等。后者于当年9月，在中国医药集团总公司与中国生物技术集团公司联合重组后，成为中国医药集团总公司二级企业。这所有的一切，都成为此后医美机构迅速发展的肥沃土壤。

同样是2009年，身处台湾的谢铭峻得知安徽医科大学在港澳台招生，早已耳闻过安徽大学皮肤研究盛名的他，报名了考试，并顺利地成为大陆知名皮肤性病学专家、时任安徽医科大学校长张学军教授的弟子。抱着一边学习，一边顺道了解大陆美容

业发展状况的目标，既美国之后，谢铭峻又踏上了飞往大陆的航班。

当时，谢铭峻的导师张学军教授，已是中国皮肤病研究的领军人物。时年，张教授还担任着国际皮肤科学会联盟（International League of Dermatological Societies，ILDS）会员、委员会委员，中华皮肤科学会副主任委员等多项职务，并筹建了当时中国乃至全球最完整的汉族皮肤病遗传资源库，收集和储存了近 15 万份皮肤病样本和资源。并且，作为亚洲皮肤科学会第九届主席，张学军在国际上也有着巨大的影响力。

在安徽医科大学，谢铭峻跟着张学军一个实验室接着一个实验室地参观，虽未直接参与基因库团队的研究，但张学军严谨治学的精神和面向国际的视野，不断撼动着谢铭峻。当时，张学军的夫人杨森担任安徽医科大学皮肤科研究所所长，也是谢铭峻的重要导师。3 人经常一同谈论着大陆医美业的发展前景和护肤品行业业态。

10 年前的大陆医美和护肤品行业，相对于台湾，还有着巨大的鸿沟。谢铭峻会为两位导师细致地讲述台湾医美业的发展状况，3 人也一同分析出当时大陆医美业的最大困境——认证审核的困难。虽然 3 人都意识到大陆的市场和制度还远远不够成熟，但也预感到这个行业马上将迎来突变。沉默的间隙，一切都在悄然酝酿，爆发仿佛就在不远处。

这段时间的学习带给谢铭峻的，除了对大陆市场的了解之外，更重要的便是他将来安身立命的一项研究——杏仁酸在保养品上的应用。2009 年，全球范围内，杏仁酸的应用都集中在医药领域，一直被作为抗菌剂使用。在美国宾州大学学习时，谢铭峻的老师是全球第一个将杏仁酸用于人体皮肤临床的学者。学习中，他了解到杏仁酸的优点，之后，便潜心开始了杏仁酸的研究。

研究的进行离不开优质原材料的供给。“那时候我跑遍了两岸杏仁酸的供应商，发现了全球最大的供应商其实在浙江”，谢铭峻未做过多考虑便只身前往。工厂虽身处浙江，但靠近安徽宣城，地势起伏，几番舟车劳顿后，终于到达。虽行程疲乏，但此次拜访收获颇丰。他深入考察了这家工厂的生产和供货能力，发现全球最为知名的化学原料研发公司默克，其杏仁酸也是由这家工厂供应，这着实让他振奋。

这番考察帮助了其硕士论文的完成，也为谢铭峻日后的商业发展确定了优质的原料供应商。在他的这篇名为《杏仁酸之实验室功能性评估与其青春痘临床治疗之研究》的论文中，他提出了如下结论：杏仁酸不管在抗黑色素、抗氧化、增加胶原蛋白的生成、抗菌作用以及临床治疗改善痤疮方面，都具有不错的效果。这是时年全球唯一一篇针对杏仁酸的博硕士研究论文，谢铭峻在美国老师的研究基础上，再进了一步，将杏仁酸引入到了护肤品领域。

博客引爆破圈，踏准时代节拍

与实验室的研究同时进行的，还有他的另一重天地，雅虎的“部落格”（BLOG，即博客）。2006 年，因对成分分析的酷爱，谢铭峻开始在网上对一些关于皮肤症状以及医美成分分析的问题进行解答，如换季时皮肤应该如何养护，以及不同的肤质该如何选择适合自己的护肤品等。很快，他就被大众所知晓，并被冠以“成分专家”的头衔。之后，他在雅虎开设 Dr.Hsieh“部落格”，专门用于撰写与美妆保养品相关的文章，教导读者判断护肤品成分表上的成分，甚至将国外最新论文摘要改写成浅显易懂的短文。

2011 年，在谢铭峻撰写自己的硕士论文期间，“部落格”也火了。当年 9 月，

定期参与医学美容教育训练汲取新知

台湾雅虎的一则资讯《从实验室到网路，成分专家百万粉丝遍布全球》，报道了谢铭峻的受欢迎程度，“粉丝遍布企业 CEO、开业医师、上班族学生、累计人气突破 150 万大关”。

150 万的人气，这对于当下的大陆的网红来说，不算一个小数值，但也绝非值得媒体报道的大事。但据《当代台湾媒体产业》（陈宝飞著）中的数据显示，2010 年 2 月台湾上网人数一共为 1622 万人，故 150 万的人气数，已经接近 10% 的比例，虽其中有累计计算的成分，但谢铭峻在台湾网络上的人气之高依然是可以想象的，引来媒体的报道，就不足为奇了。

遗憾的是，因为雅虎服务器的问题，Dr.Hsieh 的部落格如今已经无法打开。不过，无论是遗留在网络上“粉丝将部落格当作咨询室、每逢谢铭峻发文都引起热烈反响、疯狂转载或当作宝典进行收藏”的媒体报道，还是“想知道最快、最新的保养新知，上 Dr.Hsieh 部落格就对了”的网友概述，通过这些描述，人们仍旧能够拼凑出当时谢铭峻在网络上红极一时、备受追捧的景象。

这种网络红人的身份对谢铭峻来说看似顺理成章，但事实上，为回答网友的问题，在 2006 年开始的两到三年的时间里，谢铭峻付出了极大的努力。当时，他保持着每天工作 16 小时的节奏，每日三分之二的时间花在科研上，剩下的三分之一还要在诊所，撰写“部落格”的时间要么来自白天的见缝插针，要么就是凌晨之后的深夜劳作。

“那时候经常凌晨四点睡觉，所以有一阵子身体出了点小状况，真的太累了。”谢铭峻如今回忆起那段在诊所、实验室、论文、网络之间腾挪转移的日子，仍有叹息。

被询问到如此忙碌的情况下，为何还愿意抽出时间回答问题，谢铭峻坦诚表示，一方面出于医生天然的帮助心，希望能解答粉丝的困扰；另一方面，他知道自己早晚会创造自己的美妆品牌，与网友的沟通，既是市场调研，也是市场培育，可以为自己将来的品牌累积起第一批种子用户。

果然，几年的耕耘之后，当 Dr.Hsieh 正式推出自己的第一项产品时，往日积累的人气凸显了很大的作用。在缺乏资金的情况下，Dr.Hsieh 完全通过粉丝的口碑营销而逐渐站稳了脚跟。即使后来因为雅虎的原因，“部落格”被迫关闭，因之前积累的人气，谢铭峻也还是媒体的常客。无论是电视直播间，还是众多时尚杂志或美妆大赏，谢铭峻和 Dr.Hsieh 都未曾淡出过人们的视线。

自创品牌横空出世，三年营业额过千万

“部落格”和研发两条线同时顺利发展。2010 年年初，对谢铭峻来说，时机终

于成熟。他推出了 Dr.Hsieh 品牌的第一款产品，以其核心研究“杏仁酸”为主打的居家型护肤品。

之所以选择这个节点，是因为“虽然论文还没有整理，但我所有的实验均已完成，实验数据我都已经掌握”。彼时的他，已经充分地了解了杏仁酸应用于护肤领域的种种特性。

出于医生的技术掌握，作为研究者的成分把关，成为网络红人而奠定的市场基础，

参加厂商新品发布会

谢铭峻从1993年进入长庚医院那一刻开始养成的才能和经验，终于在时隔近20年后，共同发力，凝聚成了三个中文汉字达特医和两个英文单词Dr.Hsieh。

这一发力，谢铭峻的人生轨道再次发生了转换，他成了一名真正的商人。

因为前期各个环节都经过了多年的积累和准备，Dr.Hsieh的自营产品一经推出便广受好评。2011年，洸鼎生物科技有限公司成立，谢铭峻带着他的原创品牌，在台湾激烈的美妆市场上独秀于林。

当时的台湾美妆产业虽然制造质量与技术深受肯定，但基本都是替国际知名品牌进行代工生产。在这种环境之中，原创品牌Dr.Hsieh尤其特殊，无论是生产还是营销，其实都毫无经验可以借鉴。

谢铭峻只好一边顶着本土原创品牌创始者的殊荣，一边扛着“自打一片天”的压力，凭着自己的商业直觉，摸着石头过河。

据他回忆，初创的第一年，也就是2010年，加上自己，整个品牌的经营总共5个员工，虽有了成分配方和产品设计，但缺乏制造和设备，只能委托朋友的工厂代为生产。因为追求精确和严谨，谢铭峻团队与代工厂之间花费了大量的时间反复沟通，最长的纪录是曾花了一年的时间才最终通过了一个产品的确样。巨大的沟通成本，品牌初创时从行政到法务到财务的各项繁杂琐碎，个人的身份转换，资金链的缺乏，虽然有第一批粉丝的加持，但种种困境，使得第一年的营业额仍然只有台币300多万元，折合人民币50万元左右。

“要知道做一个原创品牌真的很难，其辛苦是不言而喻的”，回忆起这段时间的困难，那种艰辛还历历在目。“不过第二年，我们的营业额就翻倍，达到了800万元，第三年就达到了两三千万元。”谢铭峻并不想在艰辛的回忆上多做停留，他更看重

在厦门达特医伊美殿诊所留影

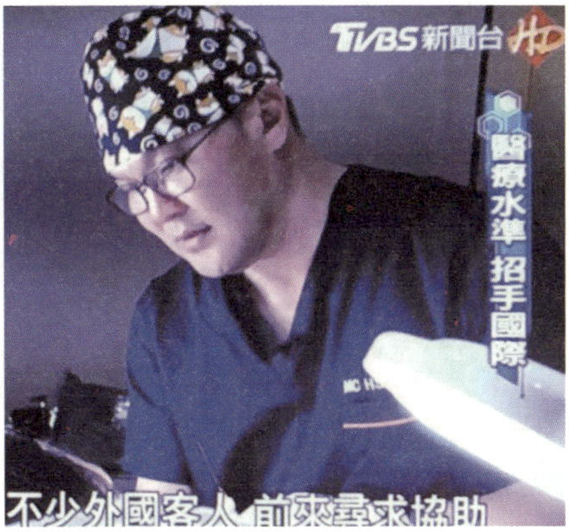

台湾媒体采访讨论医美行业趋势

的是品牌快速成长的业绩。

分析快速成长的原因，谢铭峻认为关键还是在于当初写“部落格”时积累下了很大一批忠实的粉丝。他意识到自己的粉丝会成为商品投入市场后自己的第一批意见领袖，也意识到口碑相传会有一个过程，所以第一年仅仅 50 万元人民币的营业额并未真正打击他创业的信心。

多年与粉丝的互动和对市场的了解，谢铭峻心里是有底的。他愿意让子弹多飞一会儿。也正是这种底气，决定了 Dr.Hsieh 一直以来的电商策略。以电商销售为主是 Dr.Hsieh 从 2010 年成立到现在一直贯穿的销售模式，最初入驻的是台湾较大的电商平台雅虎、MOMO 等，但因台湾是公认的浅碟形经济，内需小，消费、投资行为也深受外部的影响，故品牌的发展始终受限。直到 2012 年，一个新的机遇出现在眼前——淘宝台湾馆到台湾招商。

有了两年电商经验的 Dr.Hsieh，紧紧抓住这个千载难逢的机会，开始进入大陆市场。市场打开之后，Dr.Hsieh 的发展更显迅猛之势。也是在这个节点，谢铭峻团队设立了自己的工厂，结束了代工确样的繁复过程。

持续学习，助推事业再上新台阶

品牌发展稳健，团队也随之持续扩张。2014 年，新的困扰出现在谢铭峻眼前。他感觉到，面对扩张后的团队，自己的管理经验开始匮乏。思忖良久，并非商科出生的谢铭峻准备再次前往大陆，选择一所名校进行 EMBA 的学习。

在这个决策上，思维惯常严谨的他，将大陆几所名校的 EMBA 都进行了精确比

同济 EMBA 同学参加“戈 11”凯旋

对。“我当时是一个一个页面，一个一个老师，一个一个学院点进去进行的对比”，在对师资、课程、研究区块进行了全盘分析后，谢铭峻最终选择了他心中性价比最高的同济大学 EMBA。

2014 年，航班再度起飞，这次的终点，是上海。

在同济的课堂上，谢铭峻将自己已经取得的实务经验，结合老师的理论分析，进行着反复的思考。同时，虽然他大部分时间都在台湾，但三十几个人的小班，集中的学习模式和纷呈的活动，都让他有足够的机会熟识班上所有同学。“我很喜欢和不同产业的同学聊天，这样可以碰撞出很多新的火花。”谢铭峻的朋友圈里，也

同济毕业典礼与台湾中山大学管理学院林豪杰教授合影

同济 EMBA 毕业典礼

经常记录着和大陆同学的友谊，或是一同安然品茶，或是一同阔论长谈。

被询问这段学习是否符合自己的期待，他不假思索，立即回答“非常好”，并同样严谨地补充了一个例子，“我太太在台湾就读了 EMBA，我仔细比对过两边的课程，很多课程，台湾这边是没有的，比如项目管理”。

学习成果迅速展现在其企业管理的系统性和效率提升上。Dr.Hsieh 的发展再次登上一个新台阶，在成为台湾省第一个将医美和护肤品两个概念结合起来的品牌之后，又成为第一个将产学研自主结合、上下游垂直整合起来的本土美妆品牌。

构建全产业链，剑指 IPO

如今，Dr.Hsieh 定位于“天然植萃”。为了确保原料质量，谢铭峻在 2014 年就在靠山、多雨、污染少的屏东万峦买下了三分地，作为洸鼎的无毒农园，以种植

Dr.Hsieh 无毒实验农园栽种各种可以做保养品原料的植物

品牌所需的植物原料。目前，农园里已有南国蓟、鱼腥草、积雪草、澳洲茶树、印度醋栗等稀有原料。

“在农园里，我们，基本不施肥料，很多需要的原料团队都会自己亲自栽种。”原料有了之后，通过与台湾众多高校合作的专案计划，谢铭峻又会亲自参与成分研发之中，自己的工厂生产之后，再通过触及多国的电商和经销商网络进行销售。这样从上游到下游的垂直产业链，谢铭峻颇为自信地说，“算是台湾业界最完整的。”

品牌发展到现在，初创时不想融资的谢铭峻，目前在做 IPO 的考虑。于他而言，最初不想融资是出于自己稳健的性格，想让品牌在自己的把握下根基稳固，而现在的融资考虑也是出于稳健的性格，“既然品牌已经发展到可以更上一层楼的阶段，就需要更大的资本介入了”。

这种稳健的性格在谢铭峻幼时则已展现，医生时期的经历更是强化了这个特质。

受 TVBS 采访谈论医美大环境的改变与发展

但在他眼中，能够融洽地在多种身份间转换，更多的还是出于“善于追索和观察”的思维方式，以及对历史的热爱。

以史为鉴，稽其兴坏成败之理

他擅于追索的特质出现得很早。一般小孩出门游玩，都会由大人规划路线，做准备。但谢铭峻不需要父母的帮忙，他喜欢自己探索，所有细节性的东西，都会被他提前规划好。只需一张地图，他就可以自己出门。而且，大多数小孩都会经历一段“十万个为什么的时期”，当别人都在不断询问父母时，谢铭峻则喜欢默默思考，查阅一切能够找到的资料，尝试自己解答。

这种喜好钻研的性格在他成长的每一个阶段，都帮助他“深潜”进自己乐于探索的领域。不过，若是缺乏跳脱，过分地深潜，往往会将人引向偏执。不过，谢铭峻摆脱了这个“陷阱”，他的幸运在于，他热爱历史。

热爱考古的谢铭峻

这种热爱曾使他一度想成为一个考古学者，并在人生路上多次驻停的时候，畅想过一个考古学者的生活。

“我跟你说哦，那时候我很厉害，小学还没上，就可以把中国的历史从炎黄一直背到清代”， 整个访谈过程一直稳重而理性的他，在谈及历史的时候，展现出了孩童般的兴奋和热情。

“那时候我还没上小学哦……”他的记忆仿佛已经回到了儿时，自己似乎未曾意识到同样的话，他又喃喃地强调了一遍。

在那段记忆中，作为小学校长的父亲，总是给他讲述诸多新鲜有趣的历史故事，他则抬着头专注地聆听。只是，命运给了他其他选择，他并未成为一个考古学者或历史学家。

不过，历史的影响，在他身上从未退却。在他眼中，正如魏徵所言，历史就是一面明镜，尤其是面临困难的时候。在经营企业最艰难的阶段，夜深人静的时分，他会一遍遍安慰自己，“创业有时候像开创一个朝代，你看汉代初期如此艰难，紧接着就是文景之治，而唐代初期的萧条之后就是贞观之治。只要根基扎稳，盛况自然会来”。

Dr.Hsieh 的盛况的确如期而至。当下，海外市场已经拓展到印尼、越南、美国，多项专利发明在手的同时，还获得了清真认证，以进军穆斯林市场。在品牌介绍的过程中，谢铭峻的团队坚信，只有达特医自己才能超越达特医。

虽然品牌发展如此茁壮，谢铭峻自己对其也有百年长青之期，但他也同样冷静地意识到，所有的繁盛终将有落幕的一天，自己开创的这场美业也终有繁花开尽之时。选一个好的接班人是谢铭峻的期待，但他早就做好了心理准备——任何历史都有自己的发展轨迹，不要妄想自己的产业永不衰落。

他自我总结道：“我就是这样的历史观，这让我看待事物时能更容易抽身、更淡然一点。历史的脉动就是不断地起伏前进，这过程里面本来就会碰到非常多的困难，你严谨地专注在一个工作上面，同时保持从容的心态，困境自然就会解决。”

潜入，淡出。曾经，谢铭峻一个人就是一支队伍，医生、研究者、网络红人、商人，不停地切换着不同的身份，每天工作到凌晨四点。如今，追求轻松的工作之外，品茶、植栽、运动成了他生活很重要的一部分。一个礼拜里，只要有些空闲，就会去郊外走一走。

最近，他在自己诊所的楼上整理旧物，寻到墨宝，是台湾著名书法家方行仁先生的留笔。正方形镜框，黄色宣纸做底，其上四个大字——“神定气闲”。

罗军：穿越狂风巨浪的硬核与柔软

PROFILE

罗军

同济大学 EMBA30 班学员

佳兆业健康集团控股有限公司行政总裁兼董事会联席副主席

派斯双林生物制药股份有限公司董事

引言

诺贝尔经济学奖获得者丹尼尔·戈尔曼认为将优秀领导者和伟大领导者区分开来的标志既不是智商，也不是技能，而是情商。无独有偶，美国长期以研究创业和创新闻名的百森商学院的研究也表明，成功的企业家普遍具有如下特质：

愿意接受在分析之前采取行动，而不是仅仅在行动之前首先分析；

用成长性思维代替固定式思维；

不仅具备管理风险的能力，还能够容忍与利用不确定性；

强有力的内部控制以及对决策和行动负责制度；

在面对困境时勇敢面对，坚持不懈；

自我调侃的人格魅力。

受中国传统文化影响，上述的六个特质中，前五个特质在中国企业家群体中比较常见，但是最后一个，自我调侃的人格魅力却不太常见。罗军是我认识的中国企业家中最善于自我调侃的人。

和罗军每次见面或者通话，他开口必称我为姐，明显的粤式普通话中夹杂一点东北话的味道。他知道我来自东北，东北人见面称呼对方哥哥姐姐很常见，他刻意用这样的方式迅速拉近和我的心理距离。当然每次上课遇到天南海北的同学，他都津津乐道于学习各种南腔北调的方言，一顿饭下来，他永远是话题中心和大家的开心果。

论年龄，罗军在同班同学中算年轻的；论职业成就，可以说是少年老成、后生可畏。我没有机会观察他在职场的行为风格，但是从他在校期间给大家留下的印象来看，他和中国传统观念中领导应该老成持重的刻板形象完全不同，他轻松柔软，他幽默并善于自我调侃，他让与他相处的人放松和愉悦。心理学认为这是自信和高情商的表现，著名心理学家弗洛伊德说：“最幽默的人，是最能适应环境的人。”

纵观罗军的职业经历，没少经历风浪。在我看来，恰恰是他性格中柔软和轻松的一面帮助他成功应对了企业管理中的危机与变故，这一点与道家强调的“弱者道之用”和“柔弱胜刚强”不谋而合。

中国传统文化长期以来认为“君子不重则不威”，成功的企业家被贴上了“强硬”的标签。西方也有类似的案例和观念，远的有铁血宰相，近的有普京大帝。可是观察宇宙万物就会发现，所有生命都是从柔弱开始，力量很弱小，然后不断壮大变强。相反，“飘风不终朝，骤雨不终日”，看起来似乎强大刚烈的东西，往往不能持久。柔弱”不是懦弱、孱弱、虚弱，而是指不强硬、不强势，是内敛的另一种表现，不出风头，不会成为众矢之的；柔弱往往富于韧性，不容易损伤，生命力旺盛；柔弱谦虚自处，发展的余地极大。

如果你还在为生活中的各种不可承受之重而烦恼，罗军用他的故事告诉你职业可以硬核，人生需要柔软。

平静的海面培养不出优秀的舵手

硬核，最初指代一种力量感强、节奏激烈的说唱音乐，后在中国网络上被引申，指代一种“厉害、彪悍、刚硬”的风格。罗军很容易被当成这种风格的人。在网络上被披露的公开信息中，他作为佳兆业集团的核心骨干，曾与这家企业共进退，经历了数次商业上的狂风巨浪。

佳兆业，人称湾区龙头。这家地产公司于2009年在香港上市，并以深圳为腹地，在过去10年里不断壮大，实现了从“单一地产开发商”向“城市公共服务商”的蜕变。这10年，既是佳兆业在香港上市后，经营板块逐渐延伸至商业、酒店、文旅、健康医疗的10年，也是中国房地产市场转型，从黄金时代步入白银时代的10年。同时，这也是罗军从30岁走向40岁，人生中最为壮阔的10年。

这10年，罗军先后担任了佳兆业广州公司董事长，佳兆业集团副总裁等职位，负责过佳兆业集团的商业、酒店及旅游、餐饮服务、健康产业板块等业务。2017年，他又领命全程参与了ST生化股权的收购，2018年1月获聘ST生化新任总经理。目前，罗军担任着派林生物董事、佳兆业健康董事及副主席兼总裁等职务。

从履历来看，作为顶尖职业经理人，罗军在佳兆业商业版图中颇受重用，屡屡在多元化布局中担负起开疆辟土的重任。他于2007年加入佳兆业集团，十多年来，多次临危受命，陪着佳兆业一起经历过数次风暴和漩涡。在他看来，佳兆业就像一个血气方刚的小伙，走南闯北，跌跌撞撞，但一直在茁壮成长，“我和佳兆业的关系如同发小，一起走过了高峰，经历了低谷”。

在双方一起经历过的时代漩涡中，第一次被外界所熟知的震荡，发生在2014年年末。当时，佳兆业集团身陷危机，在其大本营深圳，十几家金融机构针对佳兆业向法院申请诉前财产保全，要求查封其资产。此次危机，被业界称为“封锁盘源”风波。当时，罗军任佳兆业广州公司的董事长，在风波袭来之时，他在稳定内部军心的同时也成为广州第一个向媒体释放出利好消息的高管。

另一次更加激烈的漩涡，则是发生在2018年12月的“振兴生化股权事件”。当时，作为第一大股东的浙民投与作为第二大股东的佳兆业发生了管理层控制权的争夺战，双方激烈博弈，业内称“双雄争霸”。在这场震惊业内外的争夺战发生之时，罗军正担任着振兴生化的总经理和董事。作为股东代表，他全程处于风暴的中心，参与了这场商业鏖战的始末。

停摆风波从天降，从容应对挽狂澜

无疑，罗军在这两场风波里都显示了力顶千钧之力，于自己所服务的企业而言，充分展示了一个顶级职业经理人的理性、担当和忠诚。

在2015年的“封锁盘源”风波里，虽然震荡集中在深圳，但广州和其他城市一样也深受影响，广州在售项目城市广场就因此被查封。根据当时媒体通报的统计数据，广州城市广场首批推出的1栋、2栋、3栋、9栋，除了已签约销售的、已抵押备案或者仅备案的情况之外，其余约400余套销售房源均被标注“查封”状态，于房企而言，这几乎是一种从天而降、被迫“停摆”的灾难。

罗军却有条不紊。几个月后，面对《南方都市报》的采访，他详细叙述了佳兆业广州公司在那段艰难时期所做的坚持。

“不能卖楼，大家都在忙什么？”记者问。

“除了楼不能卖，其他工作都在继续。当时只是交付很少的工程款，但感谢合作单位的大力支持，要不项目烂尾了怎么办？这是大家都不愿看到的。”

罗军的回答是坦然而饶有分寸的，对于一个身陷危机的企业，这次受访从某种程度上而言，无疑是一次重要的“公关”。访谈中，他举了一个直观的例子来展示工作的进展，“你可以看到，楼在一天天长高”，这句话不仅传达了工作在有序进行，也传达出佳兆业本身正从危机中逐渐恢复。

作为广州公司首个就相关问题接受媒体采访的高管，他所谈到的内容，以及类似于“骨干都在，起码我也还在”的从容态度，都能让人获得“这家企业正从危机中恢复”的希望，也向市场传达了这个企业仍然具有的实力和信心。

对于“当时骨干都选择了留下”的事实，罗军直接点明，这并非仅仅出于“公司处于危难，更需要尽职尽责”的情怀，更深层的还是在于理性考量，“虽然对整个公司而言，那是一场很大的风险，但对于广州等子公司而言，资产本身是没有问题的，资产在那儿，价值就在那儿，这是房产行业的特性”，他以一种柔和缓慢却又极为坦诚的语调分析道，“底牌都是好的，管理层看得很透”。

罗军的谈话，语调缓和，但内容直接。这样缓和的广东腔调，时常让人想起说唱音乐中一种叫作“Lay back”的唱法：整体唱腔都在主节奏之上，但自由游弋的节拍又似留有余白，仿佛缓了一拍，造成的听感是一种合适的“从容”。但罗军的从容之下，常是一种近乎不加掩饰的直接和坦诚，如同一把利刃，迅速砍去了无关紧要的枝蔓，为访谈者揭示出事件最核心的利害。

“白武士”大战“门前野蛮人”

对罗军的考验除了“封锁盘源”风波以外，不得不提的还有 2018 年那起激烈的振兴生化内讧事件。

如今已更名为“派林生物”的振兴生化，其核心资产为生产和销售血液制品的子公司广东双林。血液制品行业门槛高、牌照稀缺，加之行业已进入快速发展期的特点，使得广东双林能够长期稳健经营，并在很长时期内为振兴生化贡献了99%以上的营收额。作为振兴生化最为宝贵和最有潜力的资产，广东双林却因控股母公司治理问题，过去十几年问题缠身，尤其是大股东的信达债务危机问题，一触即发。

同时，来自浙江8家大型民营企业组成的投资集团“浙民投”，在2017年6月通过 36元／股的价格对振兴生化发起要约收购，斥资近27亿元以谋求第一大股东位置，成为振兴生化的“门前野蛮人”。

在这个关键且微妙的节点上，佳兆业以“白武士”的身份入局。在振兴生化和深圳信达共同支持下，佳兆业成为阻击“浙民投”突袭的重要力量。罗军作为佳兆业的代表，领命参与了这场“新中国不到30年的资本市场上鲜有的股权收购案”。

2017年年底，经过多方多次的较量、斡旋，浙民投和佳兆业分别成为振兴生化的第一和第二大股东。在浙民投正式入驻董事会之前，罗军作为佳兆业高管抢先进驻振兴生化兵出任总经理，财务总监也由佳兆业大将田晨峰担任。之后，已实际掌握了治理权的佳兆业主动邀请了“浙民投”的进入。2018年5月，双方通过董事会补选方式，达成了利益平衡，实现“浙民投”和平入局。

只不过和平是短暂的，双方管理分歧逐渐发酵。以致引发后面的股权争夺，虽然最后和平收场，但毫无疑问过程是跌宕起伏、惊心动魄的。

只要不离开牌桌，游戏就没有结束

如今，谈起这场外人看来犹如商场电视剧的商业鏖战，从头至尾身处风暴中心的罗军都是风平浪静。在他的眼中，“这不是一场‘磨难’，而是一场磨炼”，整个过程，仿佛是金庸武侠世界中华山顶上的高手论剑，而且，都是一等一的高手。

“我觉得非常好，这些磨炼我觉得对我整个人生或者说职业生涯都起了很大助推作用。无论是人，还是企业，能从这些大风大浪里出来的，才真的算是身经百战。”此时，电话那头，除了他的回答，还传来泡茶时茶杯轻触茶盏的声音。

虽是此间谈笑，斗争最为激烈的时候，就像小说中描写的那种片段，表面上沉

自律健身，保持充沛的精力也是职业经理人的必修课

静无比看不出任何波澜，但实则身在局中的每一个人都有一种“炸裂”之感，“基本上是不可能睡得着的，一闭上眼就是各种各样的事、各种各样的问题，以及如何去解决”，时至今日，回想起当时身处漩涡的境况时，罗军语气也不由得凝重起来。

沉默片响，他回忆道，能帮助自己和企业一次次熬过“双雄争霸”或者说更之前的“封锁盘源”风波的精神力量其实很简单，就是一种“不认输”的精神。

“只要一天没有离开‘牌桌’，只要还有筹码，牌就可以一直打下去。虽然前面我可能打得很差，但既然还没输的话，又为什么要先认输呢？”他甚至举出了一个曾经身陷囹圄的企业家的例子，“这样的企业家打着官司都还在追，还充满韧劲，我们远远没到那个份上，是不是？”

再次停顿之后，他仿佛是为访谈者，也是为自己，做了一个总结：所以说，这种不认输的精神，对职业经理人也好，对企业家也好，都是他的脊梁。

帮企业营利是职业经理人的首要职责

回顾自己的职业身份，罗军认为，第一点应该牢记的是“帮企业营利”这个目标。初听起来，“盈利要放在职业经理人目标的第一位”着实让人迷惑不解：企业存在的本质不就是“盈利”吗？还需要特别强调吗？罗军解释道：“企业还小的时候，老板肯定要讲挣钱，职业经理人为了自己的职业升迁，也会自觉地践行这个承诺。但是当企业成长到一定规模以后，开始多元化扩张，职业经理人可能会忘记这个最初的目标。”

“职业经理人本质上是股东的执行代理人，两者追求的目标有不一致的地方。股东或者企业的真正所有者扩张企业的目的是分散风险，不要把所有的鸡蛋放在一个篮子里，多一个挣钱的板块或者跑道，所以对于他们来说，盈利永远是第一目标。当然，对于大企业来讲，为客户创造价值的基础上盈利，这个前提是毋庸置疑的。”罗军进一步解释道：“但是对于职业经理人来说，随着权力的扩大，追求的目标可能会出现偏差，忽视盈利的目标，单纯追求规模或者个人的利益等失偏行为。我们在管理学上学习的激励和约束机制都是来引导和限制经理人的行为的。”

正是由于“代理问题”的客观存在，使得资本所有者在实施其投资行为的过程中面临着一个极为现实的问题，即如何对其代理人实施有效的监督控制，约束代理人可能出现的“逆向选择”和“道德风险”行为。罗军非常理性并深刻地认识到这一点，十几年的职业生涯中，也一直不断提醒自己保有初心，即不断为客户创造价值，进而为股东和公司营利。

终身学习才是立于不败之地的核心能力

多年来，罗军在佳兆业多元发展的道路上，不断领命，开拓疆界，积累了大量跨板块经营的经验，横跨地产、商业、酒店、旅游，餐饮，一直到如今的健康产业。罗军自嘲道，自己从“玩泥沙的”变成了“玩药的”，这巨大的跨度让他在不断提升自己能力的同时，也逼迫着他不断从“零”开始，重新学习。

这个过程并不轻松。“你想想看，你前面有20年，将近30年，你所谓的积淀的东西，专业知识，全部清零了，而别人（竞争对手）则已经在这行跑了20多年了，人家还在继续跑，哪怕别人跑得不快，我是不是也要跟跑到最起码六七十岁？”巨大的压力成了他不断学习的巨大动力，不断学习的状态成为他职业生涯的基本情境，帮助他塑造和驾驭自己的职业身份。也正是基于此，他在2014年报考了同济EMBA

项目。

从深圳到上海距离并不远，但罗军每个月都要飞过来上课，对于已经密不透风的行程来说，又要增加一个必选项。在被问及为何选择同济时，罗军说，当然因为同济在建筑领域的声望和优势。作为地产人，在行业内见识了太多同济优秀的学子，所以能够成为同路人也算是圆梦之选。

而且多年的工作经验也需要走进课堂进行梳理和复盘。每次从深圳到上海的路上，他都不自觉地问自己：这一个月来他在工作中的困惑和问题是什么？是否可以有更好的应对方式？他就是带着这些问题走进课堂，教授的讲解的理论或者方法常常会让他有醍醐灌顶之感，同学们的相互讨论既可以让他印证自己的观点或经验，又可以作为借鉴的补充。所以虽然繁忙，他非常享受并且感恩几年的学习经历。而且他坚定地认为，无论是深圳还是上海，人才竞争极其激烈，如要长期立于不败之地，只能坚持不懈地终身学习。

悲观者正确，乐观者成功

除了终身学习以外，他认为对职业经理人而言，同样重要的品质还包括：解决问题时的乐观、理性和果断。这些品质既是他能够成为职业经理人的核心素养，同时，也因职业经理人的身份而对它们进行了不断锻炼和加强。

罗军坦言自己天生就乐天。“留得青山在，不愁没柴烧”这句话，在他眼中是古人的大智慧，也是他每次面临困境时的座右铭，具体展现就是那种“不认输”的精神。乐天归乐天，到实际面临问题时，他则是异常理性而冷静。

例如，谈到风险。“双雄争霸”实际就是企业通过并购而谋求发展时所遭遇的风险，经历过鏖战的罗军对于这样的风险，如今已经有着极为清醒的认知，“这样的风险永远无法规避，只能提前备案、控制”。

他复盘后认为，会产生“双雄争霸”的局面，本质上是多方利益“磨合”的结果。“我觉得任何一个企业，只要有多方的利益在里面，都会出现这种情况，你要完全规避它，很难。重要的是风险来临时，要有化解这种风险的能力”，罗军解释道。

如同接受南都采访时所举出的直观例子，罗军也用了一个“开车上路”的比喻，清晰地表达他的想法：上路存在着大量风险，有人横穿马路，有人乱跑压线，这些东西你能让它不出现吗？不可能，因为他是你控制之外的东西，你得控制自己，其他人肯定控制不了。

正因着这些理性而清晰的认知，成功的职业经理人在决策之时，才能够展现罗军所看重的另一个特质——果断。这种决策时的果断，“既是天然的性格，丰富的经验，也来自朋友、同事等伙伴的意见”，罗军说道。

选择和谁同行比要去的远方重要

“伙伴”，在职场上，于罗军而言是极其重要的，不仅是商业行为和决策上的帮扶，也体现在某种程度上的情感归属。

从 2007 年加入佳兆业至今，罗军的这个“发小”已经由一家地方性的小房企发展成区域性的“龙头”企业。随着规模的不断扩大，企业的组织架构也发生了翻天覆地的变化，不同的组织架构也多少带来不同的心理状态。他回忆起最初加入那几年，190 号人，几乎彼此都相熟，“当时生活上也经常往来，跟很多同事去打球，常聚在一起聊聊”，谈及当年，那种彼此间紧密沟通的归属感仍旧让他动容，“不

去高雄与台湾中山大学的校友交流

是说现在这样不好，而是说曾经情感沟通上会更多”。

在生活中，罗军也同样珍视同学间的伙伴之情。他至今仍清晰记得 2016 年 10 月 7 日与同济 EMBA30 班的同学组团去高雄参加的那场同学婚礼。台南婚礼的“流水席”礼俗，现在依旧让罗军津津乐道，而同学相处时的自在和放松，则让他第一次“去

参观校友企业捷豹路虎工厂

喝别人的喜酒，自己喝多了”，他笑着回忆到当时的场景，又补充了一句“不只我，还有好几个也这样。”

另一件让他记忆犹新的事情，则是和同济同学一起去路虎参访。路虎的管理流程、管理细节在员工关怀、产品研发和品控等方面都给予了他极大的启发，让他收获颇丰。并且，这样的启发时常会出现，尤其是与来自不同行业背景的同学间的思维碰撞。在他看来，这是同济 EMBA 就读期间感受到的最大收获。

职业可以硬核，人生需要柔软

看重友谊的罗军，认为自己的性格也是“随和，比较好打交道”的。虽然微信上的联络显得短促，但事实上，他却能够记得采访者多年前与他们的短暂接触，同时，那些对他而言其实显而易见的道理，他也总是能非常耐心细致地讲解。这既是他“好打交道”的印证，又仿佛是对某种刻板印象的反叛——这种刻板印象来自媒体所塑造的，其在商业风波里所展现的强硬果决的“硬核”形象。

但谈及这种印象时，他却回答：“我不算硬核吧，硬核应该是史泰龙那种。”在他看来，虽然媒体所描述的那些风波并不夸张，甚至远远没有实际的“战况”激烈，但他仍觉得挺过这一场场鏖战的自己算不上“硬核”，“就是正常，普通一点的，不是什么厉害人物”。

罗军确如千千万万个普通人一样，他会将亲情摆在自己所有价值序列的第一位。谈起父母，他笑着说，他们也为自己的生活想过：“我忙了大半辈子了，还要帮你带小孩？你请人不行，为啥我来弄，我打麻将不好吗，喝茶不好吗？”罗军模拟着父母的心态，他觉得自己完全能够理解，并且，自己从小的独立，也与父母的这种性格和培养有关。在他的印象中，考什么大学这样属于迈出人生第一步的事情，父母完全是由他自己做主的。

珍视亲情，重视伙伴，性格随和，罗军心中的自己确实与“硬核”二字相去甚远。但媒体报道中的那个在商业行为上理性、果决且强硬的他，也是罗军极为真实的一面。这种反差使得他相册里会随时存有过去的大量照片，却从来不写日记，也使得他在朋友圈有时候一年只发一条信息，私下却极为活跃地与朋友点对点沟通。

他不否认自己在商业上是强硬的，但他认为“强硬”从来不需要一种姿态。如果“硬核”在现在的流行话语里指代的是“厉害、彪悍、刚硬”，那从外部视角来看，罗军在商业上的行事风格就是“硬核”的；而如果“硬核”是指罗军眼中“史泰龙那种大块头”，那生活中的罗军的确并非“硬核”。

对于过去，并非“硬核”的罗军仍有一些“有些股票没持有得更久，有些房子没买”的小遗憾，而对于未来，“硬核”的罗军则有要从职业经理人转变为创业者的宏大打算。于他而言，无论是他人眼中的“硬核”，还是自己眼中的“并非硬核”都不太重要，重要的是，面对生活，机会始终都在。

图书在版编目（CIP）数据

转身之道：10位同济EMBA企业家的管理哲思 / 李奕滨著．—上海：同济大学出版社，2023.10

ISBN 978-7-5765-0955-7

Ⅰ．①转… Ⅱ．①李… Ⅲ．①企业管理 Ⅳ．①F272

中国国家版本馆CIP数据核字(2023)第201709号

转身之道——10位同济EMBA企业家的管理哲思

李奕滨 著

出 品 人 金英伟　责任编辑 尚来彬
责任校对 徐春莲　封面设计 每日一文设计工作室

出版发行 同济大学出版社 www.tongjipress.com.cn
(地址：上海市四平路1239号 邮编：200092 电话：021-65985622)
经　　销 全国各地新华书店、网络书店
印　　刷 上海安枫印务有限公司
开　　本 710mm×960mm 1/16
印　　张 13.75
字　　数 275 000
版　　次 2023年10月第1版
印　　次 2023年10月第1次印刷
书　　号 ISBN 978-7-5765-0955-7

定　　价 98.00元